主　编／罗观翠
副主编／黄　丹　刘玉珊　王　壬

青春期教育社工指南

PUBERTY EDUCATION
A Guide Book for Social Worker

社会科学文献出版社
SOCIAL SCIENCES ACADEMIC PRESS (CHINA)

特别鸣谢

广州市海珠区"青年地带"项目资助本书出版
香港家庭计划指导会为本书提供活动程序资料
广东诺臣律师事务所为本书提供法律咨询

本书编委会及作者

主　　编　罗观翠

副 主 编　黄　丹　刘玉珊　王　壬

编　　委　罗观翠　黄　丹　刘玉珊　王　壬　黄庆君
　　　　　　钟履晔　吴柳青　高蔼祺

本书作者　（以文序排列）
　　　　　　罗观翠　周卉卉　游玉兰　周峻任　姚佳乐
　　　　　　余启明　谭银凤　黎丹丹　钟履晔　郑泳诗
　　　　　　杨　玲　翟振良　黄庆君　萧敏静　林　琳
　　　　　　黄　丹　张　伟　李海鹏　罗　萍　付万海
　　　　　　梁小霞

目 录

序一　我是谁 …………………… 罗观翠 / 001
序二　编者寄语 ………………… 罗观翠 / 006

第一篇　青春期教育之知识篇

第一章　身心变化

一　生理变化概述 ……………………… / 003
　　1. 身高与体重 ……………………… / 004
　　2. 汗腺与暗疮 ……………………… / 006
　　3. 阴毛与腋毛 ……………………… / 007
二　生理变化之男生变化 ……………… / 009
　　1. 胡须 ……………………………… / 009
　　2. 喉结 ……………………………… / 010
　　3. 生殖器官 ………………………… / 011
三　生理变化之女生变化 ……………… / 012
　　1. 月经 ……………………………… / 013
　　2. 乳房发育 ………………………… / 016

四	心理变化 ……………………………	/ 019
	1. 叛逆 ……………………………	/ 020
	2. 羞怯 ……………………………	/ 020
	3. 愤怒 ……………………………	/ 021
	4. 抑郁 ……………………………	/ 022
	5. 自我认知 ………………………	/ 023
	6. 体验成长 ………………………	/ 023

第二章　人际交往 …………………………… / 025

一	人际关系 ……………………………	/ 025
	1. 亲情 ……………………………	/ 026
	2. 友情 ……………………………	/ 027
	3. 爱情 ……………………………	/ 029
二	性别角色 ……………………………	/ 032

第三章　价值观念 …………………………… / 035

一	爱情与性 ……………………………	/ 035
二	性价值观 ……………………………	/ 036
	1. 恋爱观 …………………………	/ 036
	2. 性倾向 …………………………	/ 037

第四章　安全保护 …………………………… / 044

一	性的安全 ……………………………	/ 044
	1. 避孕措施 ………………………	/ 045
	2. 性病 ……………………………	/ 048
二	法律保护 ……………………………	/ 050
	1. 猥亵儿童罪 ……………………	/ 051
	2. 强奸罪 …………………………	/ 056
	3. 嫖宿幼女罪 ……………………	/ 060
	4. 引诱幼女卖淫罪 ………………	/ 061

第二篇　青春期教育之策划篇

第五章　认识生理变化 ……………/ 073

一　活动主题之一：生理教育

——"性情指南针"小组 ………/ 074

编者手记：青春期，男女有别

………………………/ 103

二　活动主题之二：生理教育

——"青春大魔术"主题班会 ……/ 104

编者手记：生理知识，重在"理"……/ 114

第六章　提升人际交往 ……………/ 116

一　活动主题之一：人际交往教育

——"友型心法则"小组 ………/ 116

编者手记：人际交往小组，

本身就是一个社交过程 ………/ 126

二　活动主题之二：人际交往教育

——"晒晒友情 TEEN"

DV 拍摄大赛 ………………/ 127

编者手记：大型活动，一个青少年

成长的综合平台 ………/ 136

第七章　建立价值观念 ……………/ 138

一　活动主题之一：价值观念教育

——"选择方程式"小组 ………/ 138

　　　　　编者手记：请"三思" ………… / 149

　　二　活动主题之二：价值观念教育

　　　　　——"我看艳照门"辩论赛 ……… / 150

　　　　　编者手记："艳照门"，孰是孰非？

　　　　　……………………………………… / 164

第八章　学习安全保护 ……………… / 166

　　一　活动主题之一：安全保护教育

　　　　　——"青春护航"小组 ………… / 166

　　　　　编者手记：如何做到安全保护？…… / 182

　　二　活动主题之二：安全保护教育

　　　　　——"乘性追击"工作坊 ………… / 184

　　　　　编者手记：工作坊，短小灵动

　　　　　……………………………………… / 191

第三篇　青春期教育之分享篇

第九章　专家分享——专家谈青春期

教育 ………………………………… / 195

专家分享之一：青少年性教育的目标

　　　………………………… 周卉卉 / 195

专家分享之二："性向无限"，促进共融

　　　…… 游玉兰　周峻任　姚佳乐 / 198

专家分享之三：如何协助受强迫性
性行为困扰的青少年
.... 余启明 / 202

第十章　社工感悟——社工们看青春期
教育 .... / 206

社工感悟之一：缺乏足够的性教育，
青少年性健康堪忧
——对青春期教育的一些思考
.... 陆明亮 / 206

社工感悟之二：青春期教育，
社工能做什么？ .... 谭银凤 / 208

社工感悟之三：开展青春期教育，
要有正确的心态和得当的方法
.... 黎丹丹 / 210

社工感悟之四：开展青春期教育应持的
理念
——价值多元、尊重差异
.... 钟履晔 / 213

第十一章　实务手记——青春期教育服务
经验谈 .... / 216

一　校园环境中的青春期教育 .... / 216

实务手记之一：进驻校园，从需求
评估到项目展开
——以"飞扬地带"项目校园青春
期教育为例
.... 郑泳诗 / 216

实务手记之二：涩涩青春，社工伴你成长
——记汶川八一小学青春期
系列服务……………………… 杨　玲／218

实务手记之三："至情至性青春期
教育小组"
——驻校青少年社工服务分享
……………………………… 翟振良／222

实务手记之四：与小组、个案配合，
在班会中开展的青春期教育
……………………………… 黄庆君／227

二　社区环境中的青春期教育…………………／230

实务手记之五：潮流元素碰撞青春期
教育
——以在社区开展"恋爱大富翁"
活动为例……… 郑泳诗　萧敏静／230

实务手记之六：社区儿童亲子性
教育探索……………… 林　琳／234

三　相关个案分享………………………………／238

实务手记之七：一个13岁的"未婚
先孕"少女……… 黄　丹／238

实务手记之八：苦痛的轮回
——如何走出性侵的阴影
……………………………… 张　伟／241

第十二章　合作分享——合作伙伴谈青春期
教育………………………………／247

合作分享之一：给予孩子一个正确
了解青春期知识的渠道
……………………………… 李海鹏／247

目 录

合作分享之二：青春期教育其实也是

  生命教育 …… 罗　萍　付万海 / 253

合作分享之三：青春期教育中，

  社工与老师扮演着不同的

  角色 …………………… 梁晓霞 / 259

跋 ……………………………………… / 265
启创社会工作服务中心简介 ………… / 267
附　　录 ……………………………… / 270

序一　我是谁

　　儿童进入青少年期，都是充满好奇心的。他们对社会环境、周围的人和事，特别是自己每天成长的变化，都想知道得多一些。遇到自己所不理解和不明白的，就会想尽办法找寻答案。若这些好奇是关乎知识的，如"地球是圆的还是方的"这样的问题，他们的老师和家长会乐意为他们解答；至于一些被视为属于成年人的问题，老师和家长们就常避而不谈或给予模糊解说。关于"性"的问题，就常被归类为属于成年人的事情。但事实上，社会心理学的研究表明，小孩打从学习文化规范、行为价值，知道自己是"男孩"或"女孩"开始，便开始不断地接受关于"性"的教育，只不过成年人没有这种意识罢了。

　　许多人听到性教育，便马上联想到男女之事和对性行为的各种解读。其实，人类的性观念或对性行为的态度，不仅仅局限于生理上的结构或医学上的解释，受历史传统和文化价值观影响甚大。现代化的传播媒介和商业活动，按商业价值的要求对性加以渲染，令性观念变得神秘、扭曲甚至成为禁忌，使得一些人特别是青少年，卷入不理智的性关系，为自己的生活制造烦恼。老师、家长、社工等都认为性教育很重要，但每个人的观念和要求却可能都不一样。由于家长、老师和社工对青少年的成长都可能有深远影响，所以，他们在进行性教育时，对于以下的一些基本原则，须加留意。

1. 性教育从儿童的自我认识开始

当儿童进入青春期这一塑造自我形象最关键的阶段时，他们感觉到自己一天一天长大，身体构造变化也日渐明显，周围的人会不时对自己的身体、个性变化品头论足，在家庭、在学校、在社区，他人对自己的期望好像也不断在转变。青少年可能感到疑惑，到底自己是怎样的一个人呢？"我是谁"便成了许多青少年心底的问号。他们渴望知道自己应该怎么做，才能让周围的人喜欢自己、接受自己和肯定自己。这些心理反应不一定出于有意识和理智的追求，而是个人在建构自我形象时产生的自觉的投射。"自我形象"包含多种元素，但个人的性别是自我形象最基本的元素。

2. 性教育越早开始越好

认识自己的身体、自己的性别特点和相关知识，是每个人必需的。从心理学的角度分析，每个人的成长过程和经验都是塑造个人自我形象的元素。由于不同社会对男性和女性都会有明显不同的文化期望，因而在成长的过程中，个人会不知不觉地吸收文化信息，成为自我形象的一部分。每个人的内心会不断地发问："我是谁？""我应该怎样做一个女孩呢？""我应该怎样做一个男孩呢？"在文化与成长经历互动的过程中，个人所建立的自我形象若受肯定，就会显得较自信并容易建立和谐的人际关系；若碰到一些负面经历，如与别人有摩擦冲突或受到排斥，那么个人的自我形象便会受到不利影响。所以，我们不要轻视性别对从幼年开始建立自我形象的重要性。

3. 性教育应从家庭开始

自我形象像一面镜子，反映了周围的人怎样看自己，而父母是个人最早接触的一面镜子。个人的形象也与家庭中父母的看管、教育息息相关。举个最简单的例子，例如某个人很自信、乐观、开朗，那么他可能从小就受到父母、师长的肯定；若某人表现得很自卑、怕事、畏缩，就可能是在过分被保护或被忽略的家庭中长大。中国人受传统文化的熏陶和教育，对性的话题特别敏感并羞于正面谈论。父母受到自己成长经验和知识水平的局限，会不自觉地把一些传统的性别观念加在子女身上，要求他们按既定的模式扮演男孩或女孩的角色。而为了达到将孩子塑造成为一个正常的男人或女人而引发的不合理、不恰当的教育方式，如过度的要求与规范或过分的溺爱和保护，都可能给孩子带来心理困扰。父母在家庭中的角色和对子女的教育，影响深远，所以家长需要正确地向孩子灌输正确的性观念。父母若感到有困难，也应及早向专业人士求助。

4. 不断更新科学和客观的性知识

随着科技的进步，性知识也在不断更新，如对人类身体构造的认识、对青少年成长变化规律的认识、对社会变迁与两性关系的研究等，经常会有新的发现，而这些发现往往会打破一些文化的偏见、迷信和误解。青少年能获取正确信息的途径极其有限，又难以找到适当的人去坦率交流。因此，如果性教育者能够为他们提供一些客观和正确的信息和知识，就可以帮助青少年提高自我认识，促进社会环境与个人的互动。

5. 密切关注网络平台与人际关系的变化

在全球化和多元文化的影响下，网络信息发达，青少年运用网络的能力很强，但心智却未成熟，他们应该如何从网上筛选正确的信息或倾诉对象，去寻找关于性行为和态度的答案呢？如不幸在网上遇到存心不良的人，那么他们的好奇心及自我探索的热情，就会被存心不良的人利用，做出对自己不利的行为。所以，配合网络发展的性教育的确有尽早、尽快实施的迫切性。

6. 以循序渐进、以人为本的方式推行

当孩子处于不同的年龄段，其思维模式和关注重点都有明显的差异，因而我们必须按照他们不同阶段的特点，设计个人或小组活动，以鼓励他们探索自己的内心世界，围绕心中的问题去寻找所需的答案。例如：①我想知道自己的身体变化代表着什么？②我怎么才能更了解自己？③应怎样和异性交朋友？④应如何满足父母的期望？⑤怎样和同性和异性的长辈相处？如何决定在什么时间做些什么事情？⑥哪些亲密行为可以做或不可以做？⑦我应注意哪些保障自身利益和安全的事情？⑧若我的选择令其他人不开心，应该怎么办呢？性教育在最切身和最敏感的方面，就是帮助他们在感到为难、面对有些事情想不通但又难于启齿的情况下，做出理智的决定和选择。

7. 在安全的环境下进行

每个人都盼望建立正面的自我形象，拥有清晰的社会身份，争取良好的生存空间，以便发展自我并让他人接纳。所以，每个人都有自我防护机制，不会轻易将心底的忧虑或恐惧暴露出来。在进行辅导时，为了鼓励参与者把心理问题或者困扰放心地说出来讨论，性教育者需要为他们提供有安全感的环境，在有私密保障的情况下进行。许多人把性教育归纳在正规教育的范畴，可是正规教育经常把性的议题局限在两方面，一方面是提供生理或病理方面的解说，另一方面是将之纳入道德层面，把性的行为标准提升到高层次的要求，这些都不足以解答青少年内心世界的疑问、满足他们的好奇心，所以，我们需要以非正规教育的方式，来填补这两者之间的空白。不论是个别辅导，还是以团体活动的形式进行，我们都要给予参加者充分的安全感，以收到正面的效果。进行家长教育，原则也是一样。

　　以上是有关性教育或青春期教育的一些基本原则，在实施时需要性教育者留意青少年的个性和家庭背景做出适当的调整。性教育是人际关系教育的重要部分，需要考虑性别、年龄、社会阶层等复杂因素。当青少年面对一些与性有关的暗示或身体语言时，往往会觉得不自在，他们需要学习如何理解和反应。性教育的目的在于帮助青少年顺利建构自我并提升自我的管理能力，为"我是谁"寻找合适的答案，探索自己的性别、性向特色，与身边的同性和异性人士建立和谐关系，并体现自己的独特个性，孕育成熟人格，而不是勉强将一些封建的文化偏见扭曲为"正常的性观念"，由此受到不必要的伤害。

　　性教育，简言之，是自我探索、自我管理的学习过程。在这个过程中，青少年要学习抗衡大众媒介对性的不良渲染、偏见，而成为自尊、自信，懂得尊重他人需求，了解社会差异，可以保障自身权利，懂得与别人平等、和谐相处的独立个体。另外，青少年的发展状况与政策、法规、教育、医疗等社会环境，与家长、老师、社工、社会人士的参与及互动息息相关。因此，我们在设计性教育指引时，需要多角度考虑活动目的，服务内容与推行手法，才可达至预期的效果。

中山大学社会学与社会工作系教授
中山大学社会工作教育与研究中心主任
启创社会工作服务中心总监
罗观翠

序二　编者寄语

改革开放三十多年来，伴随着经济和信息的全球化，我国的社会环境发生了翻天覆地的变化。一方面，社会对于性及其相关话题的接纳程度在不断提高；另一方面，由此衍生的社会问题也层出不穷。

在这样的社会变迁背景下，我国青少年面对的社会环境也越发复杂，青少年接触与性相关的知识、信息的渠道也越发复杂和多元。面对上述影响因素，学校、家长及专业人士都期盼能正确、及时、适当地引导青少年，以帮助他们健康成长，使他们未来能有幸福、快乐的婚姻、家庭生活，这也是社会和谐与稳定的重要基础。

青春期是个人成长的动荡期和关键期，青春期伴随着性器官、性征的发育完善，青少年需在与朋辈、社会的交往中不断探索自己的身份、角色，逐步形成自己的性别认同与性别观点。前者决定了青少年的生理健康，而后者则关系到青少年的心理健康、道德发展、社会发展。

启创社会工作服务中心（以下简称"启创"）自 2008 年成立以来，一直非常重视青少年的培育，近年更设立了青少年服务部，在社区及学校开展大量服务，以回应他们多元化的需要。青春期教育是青少年成长的重要课题，也是学校、家长关注的重点。启创在青春期教育方面进行了积极的、有益的探索，在不同学校、不同层面上进行了多种尝试，逐步摸索到一些本土化的实战经验，而这些经验是非常宝贵的。

　　本书希望能将启创这几年在青春期教育探索中获得的经验进行初步的总结与提炼，与相关的青少年工作者进行经验的分享。我谨代表启创向一直以来以开放的心态接纳、支持启创服务发展的政府部门、学校、家长以及社会热心人士表示衷心的感谢，希望大家未来一起努力，为青少年的健康成长创造更好的环境。

罗观翠

2014 年 3 月

第一篇 青春期教育之知识篇

青春期,是一个重要的人体生理发展期,也是一个从儿童向成人过渡的特殊时期,大多数青少年在这个阶段都会面临种种困惑和烦恼。为了更好地陪伴他们平稳、安全地渡过青春期,老师、学校、家长、社工需要全面地了解有关青春期方面的知识,进而将这些知识通过小组、主题班会、校园活动等途径,在日常交往中传递给他们,帮助他们健康成长。这一篇,我们将从身心变化、人际交往、价值观念、安全保护四个方面提供青春期的科普知识,协助青少年工作者开展校园青春期教育活动。

第一章　身心变化

　　进入青春期，男生和女生往往能够感知和理解自己身体正在发生的微妙变化。下面我们将从青春期生理知识的介绍开始，帮助青少年工作者在开展校园青春期教育服务时，能更好地协助学生们应对种种困惑和难题。

　　除了身体发生微妙的变化之外，青少年个人还可能会经历一些心理或心境的变化。这些心理的变化和体验如果处理得好的话，可以帮助青少年顺利成长，体验成长的快乐与满足；但如果一些特别的事件，尤其是由这些事件所带来的一些负面情绪没能得到较好疏导的话，那么，它将可能给青少年的成长带来伤害。所以，我们必须对青春期心理特征有更多的了解，才能帮助青少年解决心理困扰，健康成长。

一　生理变化概述

　　进入青春期后，无论男生、女生，都会面对一些共同的生理变化，例如，身高迅速增长，满脸长青春痘，长出腋毛及阴毛，等等。这些变化从何而来呢？以下我们总结了一些男女生经常关注的生理变化，并给出常见问题小贴士。

关键词： 身高与体重　汗腺与暗疮　阴毛与腋毛

1. 身高与体重

进入青春期以后，青少年的身高和体重快速增长。在此之前，身体增长的速度比较缓慢而且稳定，2~10岁这一阶段，每年身高平均增长4~5厘米，体重增加1.5~2公斤。但是在进入青春发育期后，特别是前两三年，身体增长的速度会突然加快，身高每年可增长7~9厘米，最快时增长可达9~10厘米，整个青春期平均可增长25厘米，体重每年也可增加5~6公斤甚至更多一些。

为什么身高在这期间会增长得如此迅速呢？原来是因为脑下垂体分泌的生长激素令身躯急剧地增高。不过，男性与女性还是有一些差别，比如，男性身高迅速增长除了受到生长激素的影响之外，还受睾酮的影响。随着睾酮越来越多的分泌，骨骼会停止生长。而女性除了受到生长激素影响外，雌激素会刺激长骨的生长较早地停下来，所以女性普遍要比男性矮。

体重增长是由于骨骼变长、增粗，肌肉发达和内脏增大。体重的增长不像身高那样剧烈，但是持续时间较长。这里所说的体重增长是指体重正常的增长，并不是指肥胖。

Q：女生一般进入青春期的时间是？
A：9~12岁。
Q：男生一般进入青春期的时间是？
A：11~14岁。
Q：青少年担心自己比别人早/迟踏入青春期，怎么办？
A：每一个人的发育时间是不同的，开始时间早或迟是因人而异的。青少年踏入青春期，最明显的改变是身高，有些人会一飞冲天似地长高，令人感觉不自然；有些人则毫无进展，不禁担忧，以为自己的身体出现问题。其实，每个人都有自己的成长步伐，这个成长步伐不一定与年龄有关。一般地说，青少年到了 14 岁的年龄，如果仍然缺乏第二性征发育的任何征象，就应该考虑是不是有性晚熟的可能。正常人从第二性征开始出现到具有成人的特征，一般需要经过 4 年半的时间。如果从青春期躯体发育特征的出现到生殖器官的生长完善，超过 5 年还没有完成，就要考虑是不是有性晚熟的情况。

Q：造成青春期肥胖的原因是什么？

A：（1）遗传。
　　（2）内分泌紊乱。
　　（3）体力活动不足。
　　（4）摄入热量超过自身消耗热量。

Q：怎样才能做到健康减肥？

A：（1）良好的饮食习惯，包括三餐饮食规律，保持营养均衡，不偏食，多摄入蔬菜、瓜果、五谷、肉、蛋、奶，少食糖分、盐分及热量高的食物，少吃零食和加工食品。
　　（2）持续及适当的运动，如跑步、游泳、打球等。
　　（3）充足的睡眠。

Q：什么是厌食症？

A：厌食是指较长期的食欲减退或食欲消失。主要有两种病理生理因素：一种因局部或全身性疾病影响消化功能，使胃肠平滑肌张力下降，消化液分泌减少，酶的活性降低；另一种是中枢神经系统受人体内外环境刺激的影响，对消化功能的调节失去平衡。厌食是精神性的疾病，主要发生在小儿至 30 岁的年轻女性之中，但也有约 1/10 的患者为男孩和年轻男子。[1]

---

[1] 参见百度百科：http://baike.baidu.com/view/1552760.htm。

Q：青春期是否容易出现肥胖症？

A：在青春发育期，人体新陈代谢旺盛，内分泌系统分泌的激素增多，人体需要的营养素也增多，以满足身体发育的需要。但如果进食过多，尤其是高热量的饮食进食过后活动又少，那么过剩的能量就会转化为脂肪，造成肥胖。个别青少年因骨骼坚硬、肌肉发达而超重，这不算肥胖。肥胖青少年常常一活动就感到心慌气短，甚至会由于氧耗量和心输出量的增加，而出现头晕、头痛和血压增高等现象。

Q：如何预防青春期肥胖症？

A：青春期肥胖症的预防有以下几个办法。

(1) 少吃含脂肪过高的食物，多食含纤维素较高的谷类、蔬菜和含微量元素较多的食物。

(2) 饮食餐前可先吃水果和汤类，要少吃甜食和动物脂肪，多吃蔬菜、水果、豆类和瘦肉等。

(3) 对于每日获取的能量也应自我计算。一般情况下，青少年每日摄入 2500 卡路里左右的能量就可以了。以此为基础，再根据劳动的强弱酌情增减。此外，青少年要做到一日三餐定时、定量，饥饱适中。

(4) 合理安排休息，不要贪睡。

(5) 积极参加文体活动，特别要积极参加体育活动和体力劳动，消耗体能。

(6) 对于正常发育的女生，不可为追求所谓"苗条"而过分节食，以致影响自身健康。[1]

2. 汗腺与暗疮

大量分泌汗液和满脸暗疮是青年人的一大生理特征。为什么会这样呢？首先，我们先从大量分泌汗液开始说起。人的皮肤有两种汗腺，一种

---

[1] 参见 39 健康网：http://fitness.39.net/jfcs/083/2/266278.html。

是小汗腺，分布在全身各个地方；一种是大汗腺，只在腋窝、乳头周围、阴部和肛门等处分布。在儿童时期，大汗腺没有发育，不会产生相应的分泌物。到了青春期，大汗腺开始迅速发育，并且伴随着荷尔蒙分泌的增加，所以青春期的青少年们常常大汗淋漓，有时甚至出现汗臭。

那么，为什么有些人常常满脸暗疮呢？首先，人的皮肤有很多皮脂腺，其作用是不停地分泌油脂。油脂从毛囊溢出，其作用是润滑皮肤和防止皮肤干燥。皮肤由于受荷尔蒙的刺激，会分泌出大量的油脂。当毛囊不能顺利排出分泌的油脂时，就会聚集在毛孔口，造成堵塞，如果不注意清洁，就会连同污垢一起产生硬粒，形成暗疮。这样恶化下去就会造成细菌感染引致发炎。暗疮常出现在面部、胸部和背部。

常见问题小贴士

Q：部分青少年的汗腺特别发达，如何减少汗味的产生？

A：（1）要经常洗澡，经常用干净毛巾擦拭汗多的地方，如腋下、胸部等。

（2）要勤换衣服，运动时可多带一件衣服替换；汗大的同学可多穿棉质的、吸汗效果好的衣服。

（3）如有需要，可外涂除汗味的产品。

Q：怎么处理和预防暗疮？

A：（1）不能挤暗疮，因为会弄破毛囊，再加上手上有细菌，容易引起发炎，而且会留下疤痕。

（2）要注意保持皮肤的清洁，平日可用温和的清洁用品洗脸。

（3）要保持良好的饮食习惯，多吃蔬菜瓜果、多喝水，少吃刺激性及煎炸食品。

（4）保持良好的生活起居规律，保持心情舒畅。

3. 阴毛与腋毛

阴毛，又称耻毛，是生长在人类外生殖器、耻骨联合和大腿内侧上的毛发。阴毛是人体"第二性征"之一，无论男生还是女生，进入青春期以后，都会由于雄激素的作用，在其阴部毛囊长出阴毛。对于男生而言，阴毛在睾丸及阴囊开始发育时出现，在 10～13 岁，阴毛的分布呈菱形状，肛门附近也会有阴毛。对于女生而言，体内也有一定量的雄激素，是由肾上腺皮质和卵巢间质分泌的。女性的阴毛位于耻骨联合的部位，呈倒三角形分布。自 10～13 岁开始，外阴部会出现稀少而柔软的阴毛，其后数量逐渐增加，颜色逐渐加深。也有人在月经来潮之后（或 18 岁以后）才长出阴毛。无论男生还是女生，其阴毛的有无和疏密，都与体内雄激素水平以及阴部毛囊对雄激素的敏感程度有关。①

阴毛的浓密程度因人而异：有些人比较浓密而粗糙，有些人比较稀疏而柔软。阴毛的颜色可以与头发的颜色有很大的分别，大部分人的都是比较深的，但也有小部分人的比较浅。一般男性的阴毛和胡须的颜色比较相似。②

腋毛是进入青春期的另一个标志，无论男生或女生都会长腋毛。腋毛的生长与阴毛相同，是肾上腺素分泌雄性激素的结果。腋毛的出现较阴毛晚 1～2 年的时间，一般在 14～15 岁出现，它能够帮助吸收汗水以避免汗水往下流。此外，腋毛还有防菌、缓解摩擦的作用。③

腋毛与体味有很大关系，在动物本能中，体味是求偶的信号之一，但现今社会很多人都把体味视作异味要设法消除。许多人可能为了美观或因为造成闷热、细菌滋生等原因而除掉腋毛，其中以女性较多。而在伊斯兰文化盛行的国家中，不论女性或男性都会为了洁净原因除掉腋毛。参加游泳比赛的参赛者通常都会脱掉身上的毛发（包括腋毛），以减少在水中的阻力。此外，有些参与健身的人士为了美观也会脱掉腋毛。④

---

① 参见百度百科：http：//baike.baidu.com/view/54878.htm。
② 参见维基百科：http：//zh.wikipedia.org/wiki/%E9%98%B4%E6%AF%9B。
③ 参见百度百科：http：//baike.baidu.com/view/238683.htm。
④ 参见维基百科：http：//zh.wikipedia.org/wiki/%E8%85%8B%E6%AF%9B。

常见问题小贴士

Q：阴毛的作用是什么？

A：阴毛并不是毫无用处，它是为保护我们的身体而长出来的。阴毛能够吸收这些部位分泌出来的汗和黏液，向周围发散，从而有利于身体健康。在性生活时，它还能起到增加外生殖器处摩擦所引起的快感作用。此外，阴毛还有保暖的作用，保持精子正常存活所需要的温度。阴毛除了是性征之外，也可在性行为时减低急速移动产生的摩擦和痛楚。另外，人体阴部汗腺管较为粗大且丰富，出汗量多，加上部位隐蔽，容易发生透气不良，阴毛的存在，可以起到"通风换气"的作用。[1]

二 生理变化之男生变化

儿童期到青春期，是人生重要的过渡时期。对男生而言，这段时期是他们成长发育的最佳时期，无论在生理上还是在心理上，都有较大的改变。除身高、体重猛增外，主要是出现第二性征发育，如声音变粗，胡须和腋毛开始长出，生殖器官也逐渐向成熟的方面发展，长出阴毛，睾丸和阴茎增大，性腺发育成熟，并开始有遗精现象。

关键词：胡须　喉结　生殖器官

1. 胡须

长胡须和腋毛是男生青春期的重要表现，在阴毛出现后两年，男生开始长胡须和腋毛。但这是为什么呢？原来睾酮（睾丸分泌出的雄性激素

---

[1] 参见百度百科：http：//baike.baidu.com/view/54878.htm。

的主要成分）除了促使男性的生殖器官发育以外，它同时还刺激身体其他部分发展出男性的特征。我们把这些特征叫作"第二性征"，长胡须就是男性"第二性征"的表现。男生进入青春期以后，睾丸里会分泌出大量的雄性激素刺激着"第二性征"形成。男生一般从13～14岁开始长胡子，到30岁左右最茂盛，到了30岁以后会慢慢减少。在不同文化中，男人蓄胡子有着不同的象征意义，如智慧、性能力、身份地位等。在一些文化中，男人蓄胡子可能有负面偏见，如被怀疑不干净整洁或性情古怪。

常见问题小贴士

Q：男生的胡须应该怎么处理？

A：男生进入青春期逐渐会出现胡须，这是正常的生理现象。有的人不喜欢胡须，会用手去拔。拔胡须有害无益，轻则引起毛囊炎、疖子，重则可引起严重的感染。拔胡须不能制止胡须的再生，却可以改变毛囊的位置，使以后的胡须长得不整齐，更难看，还会使胡须变黄，影响美观。好的办法是当胡须长到一定程度的时候剃掉。在中国古代，人们认为"身体发肤，受之父母"，胡须是不能够随便剃除的。另外，在不同的文化、宗教中，对于是否要剃胡须的态度也各有不同。对于在不同文化中对胡须的不同处理，大家都应该表示尊重和理解。

2. 喉结

进入青春期后，由于雄性激素的作用，男生一般会不同程度地出现喉结向前突出的现象，男生的喉结一般比女生的喉结突出，这是因为女生分泌的雄性激素较男生的少。与此同时，男生的声带会变长，声音变得低沉。

常见问题小贴士

Q：男生变声期如何保护自己的声带？

A：不要大吼大叫；多饮温水，少吃刺激性食物。

3. 生殖器官

进入青春期以后，男生的生殖器官逐渐发育成熟，直至开始具有生育能力。大约12岁时，男生睾丸和阴囊开始增大，阴囊变红，皮肤质地改变；12~13岁时，阴茎变长，但是周径增大的速度较慢，睾丸和阴囊仍在继续生长，出现阴毛，前列腺开始活动；14~15岁，阴囊和阴茎开始继续增大，阴茎充分发育，阴囊颜色较深，睾丸发育成熟，出现梦遗。[①]

常见问题小贴士

Q：什么是梦遗？

A：当男生进入青春期后，睾丸开始产生大量成熟的精子，如果没有排出来，大部分会被吸收，但有些会积聚起来。在睡眠的时候，性欲所受到的压制会减少，因此身体的转动、内裤或棉被的压力已经足够刺激射精。如果射精时正好在做春梦，便叫梦遗。梦遗的次数因人而异，有些人从来没有梦遗，有些则一个星期有2~3次。梦遗本身对身体并无害处，它是自然宣泄性欲的途径。但是，它在一定程度上会给男生带来一些尴尬，所以老师和家长应积极引导，帮助他们正确认识梦遗并学会处理梦遗带来的卫生问题。梦遗后应及时更换衣裤及床单被褥，以免阴部太过潮湿而引起皮肤发炎。[②]

Q：什么是射精？

A：男生进入青春期以后，睾丸会产生出荷尔蒙和精子。精子储存在睾丸和附睾内，当男性阴茎受到刺激时，血液会涌进阴茎内的血管，造成阴茎的勃起。这时，成熟的精子就会从附睾通过输精管，流经精囊腺和前列腺，与这些腺体分泌的液体混合，形成精液，最后通过尿道排

---

① 参见百度百科：http://baike.baidu.com/view/18696.htm。
② 资料来源：香港性教育促进会"性博士热线"，1996。

出体外，此过程称为射精。①

Q：未婚男性在正常情况下，一个月遗精多少次？

A：每月遗精两三次或三五天遗精一次都是正常的，甚至一两天遗精一次也都不应认为是异常的。如果频繁遗精，天天发生，甚至一夜发生几次，则可能是病理性的，这时就需要前往医院求医问诊。

Q：包皮垢是什么？

A：正如各部位皮肤会分泌皮脂一样，包皮的皮脂腺也会分泌皮脂，成为包皮垢。包皮垢的作用与女性的阴道分泌物类似，一般情况下为柔软、奶酪状白色物质，有消炎及抑制细菌的作用。但如果不注重个人卫生、长时间不清洗的话，则可能会变得黏糊糊的很难闻，也容易造成感染和传播疾病。所以，男性要注意保持阴部清洁。

Q：为什么男性看见情色物品后，阴茎会勃起？

A：触觉、视觉、听觉、嗅觉的刺激，幻想及爱情感受等都是引发人类性反应的来源。男性的性反应尤其容易被视觉的刺激所影响，影像透过眼睛传送到大脑，经分析后便可能增强性欲，继而令血液流入男性阴茎内的海绵体，导致阴茎勃起。阴茎充血而勃起是神经反射作用，是不受控制的。但是，性欲是可以受个人自主控制的，可以通过大脑的思维活动增强性欲或抑制性欲。

三 生理变化之女生变化

对于女生来说，青春期是指月经来潮到生殖器官逐渐发育成熟的时期。除了月经来潮以外，女生也开始进入身体全面的发育期，比如声调变

---

① 香港家庭计划指导会：《青春事件簿》，香港天地图书有限公司，2003。

高，乳房隆起，出现腋毛和阴毛，骨盆横径的发育大于前后径的发育，胸、肩部的皮下脂肪更多，显现了女性特有的体态。另外，生殖器官也逐渐向成熟过渡，这些变化标志着女生开始有了孕育胎儿的能力。

关键词：月经　乳房发育

1. 月经

月经是指子宫内膜脱落，脱落的内膜组织和血液由阴道排出的现象，也称为经血。女性及雌性哺乳动物在生育期内会固定出现月经，此循环周期称为月经周期。一般情况下，女性一次月经的出血量在 30~80 毫升。女性第一次月经来潮称为初经，代表青春期的开始，女性在怀孕或哺乳期间不会有月经，更年期之后月经就会停止。

月经是进入青春期的女生必须经历的正常生理现象。为什么会来月经呢？要说明这个问题，就要了解女性的生殖器官结构和生理功能。女性的内生殖器官由卵巢、子宫、输卵管构成。卵巢的主要功能是产生卵子和合成卵巢激素；子宫和输卵管则是生育器官，卵巢中含有几十万个卵泡，每个卵泡中含有一个卵子。

到了青春期，在脑垂体前叶促性腺激素的作用下，不成熟的卵泡逐渐发育，同时合成雌激素。当卵泡发育成熟并排卵之后，卵泡壁塌陷，细胞变大、变黄，称为黄体，它不仅合成雌激素同时还产生孕激素。

随着卵巢的变化，子宫内膜受其影响也发生相应的周期性变化。雌激素使子宫内膜增厚，内膜细胞增多、增大，间质内小动脉变得愈加迂曲，呈螺旋状，称为增殖期子宫内膜。排卵后，由于雌激素和孕激素的共同作用，子宫内膜发生水肿，腺体产生大量黏液及糖原，内膜厚度由 1 毫米增到 6 毫米，称为分泌期子宫内膜。

如果此时排出的卵子受精了，则受精卵经输卵管运送到子宫内发育，称为妊娠，妊娠组织合成一种绒毛膜促性腺激素，它支持卵巢黄体继续发育；如果卵子没有受精，在排卵后 14 天左右，黄体萎缩，停止分泌雌激素和孕激素，此时子宫内膜中的血管收缩，内膜坏死而脱落，引起出血，形成月经。

因此，月经周期的长短，取决于卵巢周期的长短，一般为 28~30 天，但因人而异，也有人 23~45 天甚至 3 个月或半年为 1 个周期。只要有规律，一般都属于正常月经。月经期一般为 3~7 天，前三天量较多。[①]

常见问题小贴士

Q：出现痛经的原因是什么？
A：由于子宫受前列腺素刺激而加剧收缩，产生疼痛感。
Q：是不是所有的女性都会痛经呢？
A：不是的，依据个人情况而定。个人也应该注意经期的饮食及生活起居，减缓痛经症状。
Q：月经量多会导致贫血吗？
A：每月月经量为 50~150 毫升，是不会影响健康的。
Q：在月经期间是否不可以喝汽水呢？
A：不是。在月经期间只要保持心情开朗、充足睡眠、适量运动，没有痛经症状，就不用限制饮食。
Q：如何缓解痛经症状？
A：(1) 饮食适宜，经期不吃辛辣刺激的食品。
(2) 睡前喝一杯加蜂蜜的热牛奶。
(3) 按摩，练习瑜伽。
(4) 注意保暖，多喝热水，多穿衣服。
(5) 看喜剧或笑话放松大脑。
(6) 保持头低臀高的姿势，痛经时可跪在床上，抬高臀部。
Q：月经期间有哪些注意事项？
A：(1) 要注意勤换卫生巾，最好两个小时一换；每晚用温

---

① 参见百度百科：http://baike.baidu.com/view/48174.htm。

开水冲洗阴道，保持阴部清洁。

(2) 不宜有性生活，否则细菌可能进入子宫腔内，引起感染。

(3) 不宜采取坐浴、盆浴，否则污水可能进入子宫腔内引起炎症。

(4) 要注意营养均衡，保持充足的睡眠休息时间。

(5) 不宜喝浓茶、咖啡等含有咖啡因的饮品，否则可能引起痛经、经期延长及经血过多等症状；不宜饮酒，否则会对肝脏造成伤害。

(6) 不宜吃生冷的蔬菜水果或冰冷的饮料，否则可能引起痛经。

(7) 不宜吃海鲜，否则可能会拉肚子。

(8) 不宜穿紧身衣裤，否则可能造成阴部充血水肿。

(9) 不宜高声唱歌，否则可能导致声音沙哑。

(10) 不可过度捶打腰背，这样会使骨盆腔进一步充血，引起月经过多或经期过长。

(11) 不宜剧烈运动，但可做一些轻松的运动，如散步。

(12) 不可拔牙，否则出血时间会增长。

Q：动物会有月经吗？

A：所有的雌性哺乳动物都具有生理周期，会来月经。卵巢是雌性动物的生殖器官，卵巢的功能是产生卵子以及类固醇激素。卵巢紧靠输卵管开口，内部含有大量滤泡，卵子就在滤泡之中发育，成熟后按照一定的生理周期释放，即排卵。没有成功受精的卵细胞以及子宫内膜脱落，排出血块及液体也就是俗称的"来月经"。来月经的动物比如说猫，它特别喜欢干净，月经也很少，有一点点时，它立刻就舔掉了，因而不容易被发现。那些大型犬的月经就比较多，比较明显，常常弄得到处都是。所以来月经是很正常的生理现象，我们应该科学、正确地看待，不应觉得不好意思或有所误解。

Q：接吻和牵手是否会怀孕？

A：不会！怀孕是指男性的精子进入女性的阴道，进入输卵管同卵子结合，成为受精卵后在子宫中发育成为胎儿的过程。需要注意的是，并不是只有射精时才会有精子射出，最安全的避孕方法应该是戴安全套或者定期服用避孕药。

Q：女性排尿和性交是在同一个部位吗？

A：女性排尿使用的是尿道口，而性交使用的是阴道。虽然这两个系统同处于下腹部，但实际上各自是独立的，尿道口位于阴道口的上方。

2. 乳房发育

乳房发育是女生进入青春期以后最早出现的"第二性征"。乳房的生长发育受多种激素的影响，如脑垂体分泌的促性腺激素、泌乳素，卵巢分泌的雌激素和孕激素。此外，还需要发挥肾上腺和甲状腺分泌的激素、垂体分泌的生长激素等的作用，乳房的发育才能充分、完善。

乳房的发育过程大约经历五个时期，第一期（1~9岁）：青春期前，乳房尚未发育；第二期（10~11岁）：乳房发育初期，乳头下的乳房胚芽开始生长，呈明显的圆丘形隆起；第三期（12~13岁）：乳房变圆，形如成人状，但仍较小；第四期（14~15岁）：乳房迅速增大，乳头乳晕向前突出，形如小球；第五期（16~18岁）：形成正常成人的乳房，乳头、乳晕的小球与乳房的圆形融成一体。[1]

青春期男生、女生体态变化情况如表1-1所示。

---

[1] 参见百度百科：http://baike.baidu.com/view/15833.htm。

表 1-1 青春期体态变化表*

年龄	女生	男生
8~9 岁	身高开始突增	
10~11 岁	乳房开始发育,身高突增高峰,出现阴毛	身高开始突增,阴茎、睾丸开始增大
12 岁	乳房继续增大	身高突增高峰,出现喉结
13 岁	月经初潮出现,出现腋毛	出现阴毛,阴茎、睾丸继续增大
14 岁	乳房显著增大	变声,出现腋毛
15 岁	脂肪积累增多,丰满,臀部变圆	首次遗精,出现胡须
16 岁	月经规律	阴茎、睾丸已达成人大小
17~18 岁	骨骼愈合,生长基本停止	体毛接近成人水平
≥19 岁		骨骼愈合,生长基本停止

* 参见百度百科：http://baike.baidu.com/view/48174.htm。

常见问题小贴士

Q：乳房发育大小与什么有关？

A：（1）乳房发育的大小首先与激素水平有关。
（2）乳房大小还受种族、遗传和体质等因素的影响。
（3）患某些疾病也会影响乳房发育。

Q：来月经前乳房为什么会疼痛？

A：超过半数的女性在来月经前会感到乳房胀痛，这是因排卵后所分泌的黄体激素会使乳腺的血流量增加，使乳房紧绷甚至感到胀痛。这是正常生理现象，无需治疗。但乳房疼痛也可由其他原因引起，例如过紧的胸罩或过度的运动。此类疼痛多是局部影响乳房而没有周期性，只要佩戴合适的胸罩或在运动后进行适当的休息，症状即可消失。如有需要，也可考虑服用普通的止痛药舒缓痛楚以及看医生。[1]

Q：少女何时该穿内衣？

---

[1] 参见香港家计会：性教育学堂 http://www.famplan.org.hk/sexedu/B5/classroom/Classroom_details.asp?clID=158。

A：一般来说，少女17岁左右，即在乳房发育基本定型后开始穿戴胸罩较为适宜。有人提出坐着时用软尺测量，由乳房隆起的上缘，经过乳头到胸壁皮肤反折线处的下缘，超过16厘米即可穿戴。还有人主张，在镜子前以立正姿势站立，并扭动腰部以上身段，冷静地正视自己的裸体及乳头位置。如果乳头处在肩部和肘部的中间点偏上的话，则不戴胸罩也无所谓；若乳头在以上所说的点之下的话，则务必要戴上胸罩。这些还需要结合各自的身高、胸廓大小及体重等因素灵活掌握。有些女孩乳房发育较迟、较小，即使到青春期，乳腺发育仍达不到丰满的程度，若过早地佩戴胸罩，尤其是有硬衬、海绵等填充物的胸罩，会影响乳房的继续发育。当然，当几乎所有的女同学都穿戴胸罩时，出于认同感，提前穿戴当作一种练习也未尝不可。

Q：如何选择胸罩？

A：选购胸罩要按照自己的体型及乳房大小、胸围尺寸，以恰好罩住乳房为宜；背带要宽一些，不低于2~3厘米，带子不能过紧。松紧适宜的胸罩，既可以托住乳房，又不致使乳腺血液循环受到压迫。材料最好选用细软的布料，不宜用化纤制的胸罩，因纤维组织较易堵塞乳管。

Q：女性束胸的坏处有哪些？

A：首先，束胸会影响呼吸。这是由于使用穿紧身内衣或戴胸罩等的束胸方法，会把胸部扎得紧紧的，使得胸部活动受限以致影响正常的呼吸，尤其是在运动和跑步时，会感到气急不适。其次，束胸会影响胸廓发育，使胸廓变得又扁又细，心肺发育也会受到严重限制。此外，束胸对乳房及乳头的发育不利，这是因为乳房的主要功能是分泌乳汁、哺育后代，它主要由乳腺、输乳管、脂肪、血管和淋巴组成，如果刚刚处于发育阶段的乳房受到外界长期的机械性压迫，使得乳房中的纤维束和乳腺导管长期受压，不仅会影响乳房本身的发育，而且会影响产后乳汁的分泌和排出。束胸还会把原来向外突出的乳头挤压得向里凹陷，形成乳头内陷。乳头内陷至少有两个坏处，一是容易导致细菌感染，二是影响今后的哺乳。

Q：怎样才是正确的穿内衣的方法？

A：步骤1，前倾45度。

步骤2，调整肩带。

步骤3，钩上后扣，收纳边肉。

步骤4，最后检查。

Q：为什么男生喜欢女生的胸部？

A：因为胸部是女性区别于男性的主要性征之一，男生喜欢女生的胸部源于本能的异性吸引，是正常的生理和心理现象。但是在与异性的接触过程中，女生应行为举止得当，男生不能随便触摸异性身体。

四 心理变化

青春期的到来，也伴随着微妙的心理变化。科学家发现，青少年的部分行为与激素有关，虽然目前还无法证实激素是最主要的影响因素，但至少可以确定它与情绪起伏有关，尤其是在青春期早期。因此，青少年在青春期可能遭遇剧烈的心理、情绪的变化。[1]

下面，我们将列出几种比较常见的青春期心理特征以及一些青少年的成长心理体验，以此帮助青少年工作者有针对性地解决青少年面临的心理

---

[1] 〔美〕凯西·麦考伊、查尔斯·威伯曼：《青少年身体使用手册》，沈嘉琪译，未来出版社，2008。

困扰,体验成长的快乐。

关键词: 叛逆　羞怯　愤怒　抑郁　自我认知　体验成长

1. 叛逆

大部分青少年在经历青春期时,可能会出现一些在成年人眼中被视为叛逆的行为,情绪也容易激动。他们与父母、老师等作对,有时甚至为了反叛而反叛,否定一切、拒绝一切。可是在叛逆的背后,青少年往往又隐藏着内心的极度无助和脆弱,想要独立却又摆脱不了对父母的内心依赖。其实这不奇怪,每个从青春期走过来的成年人都可能经历这样的心理阶段。当青少年面临这样糟糕的境地时,青少年工作者应注意发现,及时给予他们必要的心理支持。

2. 羞怯

青春期的青少年可能会面临因自身条件、他人的期望等因素而带来的在社交中产生羞怯的心理,表现为社交圈小、不敢和不熟的人说话或是不敢在公众面前讲话等情况。而这样的心理如果不能很好地克服,将可能导致个人在未来的社会资源竞争中处于劣势地位。

常见问题小贴士

Q: 青少年应如何克服羞怯的心理?

A:(1)试着用不同的眼光看待自己。不要害怕冒险,不要害怕犯错。犯错是一件很平常的事情,也是人生的一份经历,要大胆尝试,挑战自己。

(2)从别人的谈话中寻找发言的机会。可以从倾听、微笑、发问开始,参与他人的谈话,体验与别人交谈的乐趣。

(3)设定目标与达成期限。如果自己非常害羞,那就要设定学习目标,使自己逐渐不再害怕与他人交流,增加与别人交流的机会。

(4)要给交流双方彼此认知、熟悉的时间。与他人相处需要双方有一个相互认知、了解的时期，不要因为自己一开始热情而别人不够热情就感觉受到打击。

（5）接受自己是个正常而特别的人。要认识到自己可能犯错，要学会从中吸取经验，感受与别人相处的乐趣。①

3. 愤怒

青春期青少年的情绪起伏有时可能较大，而愤怒在所有的情绪中，是最常被否认、压抑或不当表达出来的。压抑的怒气可能以许多奇怪的方式宣泄出来，对于青少年而言，发泄怒气可能会带来危险，引发暴力，也可能因一点小事而产生的愤怒情绪的宣泄会伤害亲情或友情。青少年应寻求理性宣泄途径或寻求帮助，适当地宣泄自己愤怒的情绪，勿使愤怒的情绪伤害自己、伤害他人。②

常见问题小贴士

Q：怎样的方法既能有效地发泄心中的愤怒，又不会伤害到自己及别人呢？

A：（1）应尝试诉说心中的感受，而非攻击激怒自己的人。

（2）如果无法直接表达感受，要寻求建设性的方法来处理怒气。例如：①动一动，运动对释放怒气很有效；②散步，放松心情，感受外界环境，释放内心的怒气；③可以敲打一些有弹性的物体，如枕头、拳击袋等，以释放愤怒的能量；④做一些耗费体力的工作，如打扫卫生、整理房间等，摆脱怒气；⑤哭泣，释放心中的伤痛；⑥向愿意倾听你的人诉

---

① 〔美〕凯西·麦考伊、查尔斯·威伯曼：《青少年身体使用手册》，沈嘉琪译，未来出版社，2008。
② 〔美〕凯西·麦考伊、查尔斯·威伯曼：《青少年身体使用手册》，沈嘉琪译，未来出版社，2008。

说心中的感觉，寻求帮助。总之，要找到适合自己的方法进行合理的宣泄，但千万记住，不要做害人害己的傻事。

4. 抑郁

抑郁是任何一个正常人在特殊的境遇下都可能面临的心理问题。根据美国心理学协会1994年发布的报告，医学上的抑郁分为以下几种情况：重度抑郁症、轻度抑郁症、躁郁症。青少年如面临抑郁的困扰，应寻求适当的方式缓解；如自己不能解决，应及时寻求专业力量的帮助。①

常见问题小贴士

Q：如果觉得抑郁，应该怎么办？
A：（1）改变生活的步调。放松自己，做自己喜欢做的事情。
（2）拒绝依赖药物和酒精。药物和酒精只能带来虚幻的快感，不可能带来真正的快乐。
（3）坚持每天运动，规律的运动及保持身材有助于对抗抑郁和焦虑。
（4）要以安全的方式宣泄情绪。例如采用哭泣，找朋友诉说或自己写日记等方法宣泄。
（5）让每天的生活有所期待。尽量寻找一些生活的乐趣，可以是很小的事情，但却让你感到高兴、感到有所期待。
（6）如果持续抑郁，则应该寻求专业的力量，如心理医生、社工等的帮助，或接受谈话之外的治疗方式。

---

① 〔美〕凯西·麦考伊、查尔斯·威伯曼：《青少年身体使用手册》，沈嘉琪译，未来出版社，2008。

5. 自我认知

进入青春期之后，个人对自我的认知开始经历一个复杂而挣扎的过程。自我认知是一个复杂的命题，在此我们就不进行过多的深入探讨，仅进行简单的叙述。在这一时期，青少年会开始出现自我的意识，进而开始思考："我是谁？我是一个怎样的人？"在这个过程中，了解自己的感知，觉察自己的思维和意向，了解自己的优缺点，都是人生旅程中的重要一步。

常见问题小贴士

Q：青少年应该如何认识自己，了解自己是一个什么样的人？

A：（1）采取主动，而非反动。对自己的行为进行主动的选择。反动的行为包括反抗，为了反对而反对。做自己意味着发展个人的观点，而不用担心父母是否同意。一旦你对自己有较清楚的了解，就能在许多事情上同意父母的看法，且不会觉得自己的独立性受到威胁。

（2）观察自我，抽离自己。看看自己每天说的话、做的事，随时问自己到底想要什么，想要做怎样的选择，想要怎么做等问题。

（3）写下自己的优缺点，但不要因为缺点而失望。要了解自己的能力所在，也要了解自己的限制在哪里，在基于自身条件的情况下，明确自己的人生方向。[1]

6. 体验成长

上述的关键词中，我们叙述了诸多青少年在青春期成长过程中可能面

---

[1] 〔美〕凯西·麦考伊、查尔斯·威伯曼：《青少年身体使用手册》，沈嘉琪译，未来出版社，2008年。

临的心理方面的困扰，我们希望能在这些方面提供一些解决方法。当然，这并不是说青春期就总是伴随着这些负面的情绪。青春期的青少年也可能是积极的、乐观的，对成长中经历的一切充满好奇和快乐。他们也在成长中体验到责任、成熟，明晰了未来的方向和目标。

　　青少年工作者应积极地挖掘青少年成长中的积极因子，鼓励他们接纳自己，勇于尝试，敢于犯错，勇于接纳现实生活的考验，积极面对未知，学会不断认知自己、发展自己，学会处理自己的情绪，学会与他人更融洽地相处。个人也要努力地成长，体验成长带来的快乐。如果能够显示出自己有足够的能力做决定，有足够的灵活性和负责的态度，就可以对自己的青春期说再见了。[1]

---

[1] 〔西〕纽丽·罗卡：《一个人的青春期》，玛丽泰克丝·里勃、马塔·法夫雷加绘，冯金芝译，新世界出版社，2010。

第二章　人际交往

　　进入青春期的青少年，自我意识增强，渴望独立，却又依赖父母；渴望与同伴亲近，但又敏感、羞怯，在与家庭的互动中或与同伴的交往中常常会面临一些困难。本篇旨在讨论如何理解、处理这期间的人际关系，使青少年工作者能为那些正面临亲情、友情、爱情及性别角色困扰的青少年提供适当的关心、理解和尊重。

一　人际关系

　　青少年，一方面渴望独立，一方面无法做到真正独立，想要摆脱父母却又时常依赖父母。他们与父母之间的关系，可能时好时坏，也可能出现彼此之间难以处理好关系的情况。

　　在与同性、异性交往时，青少年既渴望交流，但又不懂得如何合理地处理与他人的关系。接下来我们将提供一些知识，以帮助青少年朋友战胜人际交往中的困难。

关键词： 亲情　友情　爱情

1. 亲情

　　亲情就是有血缘关系的人之间存在的感情。亲情的定义就是人们渴求为亲人付出一些或全部的思想。亲情就是亲人之间的感情，父母和孩子之间的感情、兄弟姐妹之间的感情，这些都是亲情。基于目前独生子女家庭较为普遍，我们这里所谈的亲情，主要指父母与孩子之间的感情。

　　正值青春期的青少年经常会对父母产生错综复杂的感觉。可能有时爱、有时恨、有时独立、有时又需要父母。他们努力建立自己的价值观，但又常常受父母的影响，有些人甚至认为成长就是拒绝父母的价值观，以示独立。但真正的独立是什么呢？真正的独立应源于学会尊重、理解、吸纳他人意见，而后自我独立地思考，进而做出独立、理性的判断。①

Q：正值青春期的青少年如何与父母建立良好的关系？
A： 青少年与父母之间的关系往往因青少年自我意识与父母的意识不同而产生冲突。那么，如何才能与父母维持彼此之间的关系，不使双方受到伤害呢？
（1）可以尝试尊重、倾听父母的意见，虽然不一定同意。
（2）学会理解自己与父母之间意见不同这个事实，因为对同一件事情，每个人都会有自己的看法，要学会接受每个人都是不同的个体。
（3）学会在听取别人的建议之下，独立地发展自己的观点。在这样的前提下，就可能会更加自在地同意父母或他人的意见。

---

① 〔美〕凯西·麦考伊、查尔斯·威伯曼：《青少年身体使用手册》，沈嘉琪译，未来出版社，2008。

（4）理想的沟通基于将每个人视为独立的个体。子女与父母之间应尊重彼此，尝试倾听、沟通，而不总是以争吵来应对彼此间的不同。[1]

2. 友情

友情是指人类或动物间的情谊或是指亲切的交谊、交情。友情涉及相互的了解、尊重和喜欢。存在友情的两人，互称朋友。在一个人的完整人生中，有三种由人际关系带来的基本感情（亲情，友情，爱情），而友情是其中不可或缺的一部分。友情不是交换关系，是平等的并且互相关怀、互相包容、互相尊重、互相帮助、互相照顾的关系。

青少年在交往中应秉承真诚、友爱、包容等原则，建立彼此之间的良好关系，以朋辈的力量陪伴彼此成长。

Q：交友的原则是什么？
A：尊重他人，学习欣赏别人的优点，顾及别人的感受，包容自己和他人的缺点，真诚、友爱地与他人相处。
Q：青少年要如何与她/他人建立良好的人际关系？
A：（1）关心、爱护他人。
（2）正确认识、评价自己。
（3）掌握必要的交际技巧。
（4）保持积极健康的心态。
（5）能够和别人交换意见。
（6）理解、宽容他人。
Q：人际交往过程中常见的负面心理有哪些？
A：自卑、怯懦、猜疑、逆反、虚假、贪财、冷漠七种心理。

---

[1]〔美〕凯西·麦考伊、查尔斯·威伯曼：《青少年身体使用手册》，沈嘉琪译，未来出版社，2008。

Q：在交往中，是否应该给别人取"花名"？

A：不应该，因为这是不尊重别人的表现。但在现实的生活中，同学或伙伴之间会有对彼此的"昵称"，以表达相互间的亲密感情，这也是无可厚非的。不过，千万不能以"花名"来嘲笑、欺凌别人。

Q：影响人际关系的原因有哪些？

A：就个人层面来说，青少年的自我概念会伴随着生理变化而渐趋成熟。于是，一方面，青少年想要挣脱成年人的束缚，学做大人、学做自己、学习独立；另一方面，他们仍需要亲情的关怀，且理性仍未成熟，独立面对问题的经验不足，对自己有不确定的想法。因此，很多青少年认为成年人不了解他，也抗拒让成年人了解自己，且自身也在探索自我的过程中。凡此种种困惑与矛盾会体现出以下较常见的负面行为，包括冲动、情绪不稳定、脾气乖张、容易生气、叛逆反对、爱批评、没礼貌、神秘兮兮、顾左右而言他、沮丧忧郁、矛盾冲突等，这些行为容易给交往中的双方带来伤害，破坏彼此的关系。

从社会层面来说，近年来，随着社会的日益发展，学生接触信息丰富多样、价值观多元化、家庭功能减退、学校应试教育重压之下对学生管束严格等，都成为影响青少年人际关系的外部原因。

Q：如何维系良好的人际关系？

A：增进与他人有效沟通的能力，是维系良好人际关系的首要条件，为此，我们提供以下几项通则作为参考。

（1）站在对方立场设想，将心比心，用温暖、尊重、了解的方式去沟通。

（2）了解沟通的障碍并且尽可能主动地去突破、化解。

（3）以一颗开放的心灵倾听对方的想法，千万不要立即进行判断。

（4）当一位好听众，用心灵去听对方真实的感受，而不只是字面上的意思。然后要坦诚地告诉对方，自己听到了什么？有什么样的感受和想法。

（5）善解人意，不一定要赞同他人与自己不同的意见，但是如果能理解他人，自己也会感到快乐无比。

（6）加强对自己的了解，知道自己会说出什么样的话，这也是与他人维系良好人际关系的技巧之一。

（7）要善于处理自己的情绪。每个人都有自己的感受和情绪，但在负面情绪下，要先让自己平复，避免在负面情绪的影响下说出或做出伤害双方关系、令人难过或愤怒的事情。

3. 爱情

爱情是一种与爱相关的情感，是一种被他人强烈吸引而快乐的情感，是一种人与人之间的强烈倾慕。爱情关系通常意味着一种强烈而浪漫的感情，或一个人表达出与另一人密切相连的深刻而强烈的情感欲望。

走入青春期的青少年，对爱情充满好奇及期盼，也常被异性所吸引。可是，到底什么是爱情？青春期的少年应该如何面对爱情？如何面对爱情带来的种种困惑与烦恼？青少年应学会辨别友情与爱情，建立起基本的恋爱观，在恋爱关系中，尊重、理解、包容、负责、理性地面对爱情。

常见问题小贴士

Q：爱情由什么组成？

A：社会心理学家有个爱情三角理论，认为所有的爱情体验都是由激情、亲密和承诺三大要素所构成的。激情指一种情绪上的着迷，个人外表及内在的魅力是影响激情的重要因素；亲密指的是两个人心理上互相喜欢的感觉，包括对爱人的赞赏、照顾爱人的愿望、自我的展露和内心的沟通；承诺主要指个人内心或口头对爱的预期，是爱情中最理性的成分。亲密是"温暖"的，激情是"热烈"的，而承诺是"冷静"的。

Q：男女同学之间比较聊得来，是进入恋爱期了吗？

A：不是的。青春期的男女生会有亲近异性的正常心理，很容易误把对异性的好奇和好感当成恋爱。所以，青少年要学会冷静行事，在与异性的交往中，要做到自然、得体、关怀及互相尊重。

Q：恋爱是不是一定会影响学习？

A：恋爱也不一定会影响学业，最重要的是，要懂得如何分配时间，平衡好学业、生活与爱情之间的关系。理智、美好及对双方有益的恋爱关系是需要在关心对方的同时保有自己的生活的，如家庭生活、学业、友谊、健康和理想等。维系恋爱关系更重要的是相互理解和共同进步，而不仅仅是把时间、心思甚至金钱全都放在对方身上。其实，谈恋爱除了消遣、娱乐外，一起在学业上努力也造就两个人互相扶持和共同成长的好机会。两个人共同认真温习、互相鼓励，在兼顾学业之余，对感情也有帮助。

Q：如果过分沉迷于恋爱可能带来的影响是什么？

A：青少年会因投放过多时间在恋爱上而忽略了家人、学习和其他正常生活，忽略了兴趣、学业等方面的追求。如果在恋爱中遇到不愉快的事情或者失恋，有些人可能情绪起伏会很大，甚至造成困扰，也可能减少对社会活动的参与。青少年朋友应该意识到，即使是成年人，恋爱、婚姻生活也只是生活的一部分。一个人必须要有除了爱情、婚姻之外可以自立的资本。

Q：恋爱的时候，可能遇到一些负面的情况，如失恋，如果失恋的话要怎么办？

A：(1) 接受现实：要勇敢地面对分手的事实，保持宽容的心去面对过往的经历。

(2) 发泄情绪：可以通过向他人倾诉或哭泣等方式，适当地发泄低落的情绪。

(3) 保持健康：为保持健康，均衡饮食、充足睡眠不可少。

(4) 冷静反省：最重要的是冷静反省失败的原因，认清双方是否相互关怀和了解、认识？检讨有助日后避免重蹈覆辙。

(5) 不要过分责备自己：恋爱失败双方都有责任，错误绝对不只是一个人的。过分自责是没有必要的。

(6) 不要忘却现实：回到现实中，做感兴趣的事，找寻学习或努力的方向和目标，积极面对现实生活。

Q：社会上流行的网络情缘可靠吗？

A：很多人都喜欢在网上聊天交友，因为这种方式面对的压力和责任较少，也更容易直接地表达感情，特别是一些平日较内向或不善言辞的同学，互联网正好是用来纾解内心寂寞或表达爱慕之情的渠道。青少年如果想和网友见面，应留意以下的简单原则。

(1) 见面前不妨先以电话沟通，这样可以确定一下自己对对方的印象，同时也为进一步的接触打下基础，做好心理准备。

(2) 为了保证安全，决不单独赴约，见面的时间、行程一定要让家人或好友知道。

(3) 约定在公共场所见面，人多的商场或咖啡店是不错的选择，避免在不熟悉的地方约会。若对方提出稍后去一些人较少或陌生的地方，如对方朋友的家中，应明确拒绝，可在赴约前准备好拒绝的方法。

(4) 第一次约会最好避免留下住址或信用卡、银行账号等资料，以免被人利用。

(5) 不要食用离开视线的食物或饮料，以免被别有用心的人乘机下药。

(6) 若发现对方可能有不良企图，要果断、坚决地离开。

Q：成熟的爱情有哪些表现？
A：（1）让人充满活力。
　　（2）包含快乐，容忍痛苦。
　　（3）不只是肉体上的吸引。
　　（4）随着时间推移，会变得更美好。
　　（5）互相尊重及鼓励。

二　性别角色

青春期是男女形成特定性别角色的重要时期，存在于社会中的社会性别观念，对男性或者女性都有着特定的角色、身份的期待和认定。但实际上，这些期待和认定是受到某一具体的社会文化影响而产生的，它往往会成为评判男性与女性的角色、身份和形象的刻板印象。青少年在成长过程中，当自己的情况与社会普遍的期盼不一样时，就会产生性别角色困扰。在此，我们倡导社会能给不同的个性创造提供一种多元、尊重的环境。开展青春期教育的时候，我们应与青少年一起探讨基本的社会性别议题，给青少年更多的支持和理解，帮助他们在与同性或异性交往的过程中，能更好地自我定位及自我实现。

关键词：社会性别

生理性别（Sex）与社会性别（Gender）是两个不同的概念。前者指的是生物特征，从人体解剖学角度讲，在婴儿出生时即已确定为男性或者女性；而社会性别指的是不同文化赋予男女的不同的社会角色、行为准则、表现形式以及象征意义等。社会性别是一种社会文化建构，由社会性别认识产生的性别角色的差异并不是以男女生理上的差异来划分的，而是在社会文化中形成的，并且随着社会历史和文化的变化而不同。因此，社会性别概念本身已经超越了生物学科的分类和认同，附加了社会对两性不同行为的认定和期待，成为社会身份、角色的划分依据。

举一个简单的例子，在英国社会中，男性穿裙子是一种传统习俗，是大众普遍接受的。但是，同样的情况如果放在当代的中国，则挑战大众对男性形象的期待。由此看来，社会性别的观念随社会文化的不同而发生变化，并且一种特定的社会性别观念也会随着历史的变迁而发生改变。

特定的社会性别观念如男主外、女主内，男人要有阳刚之气，女人要阴柔、温婉，等等，实际上是自每个人成长的过程中，不断地接受来自家庭、学校、社会的影响而形成的。并且，大众传媒如广告、电视、报刊、书籍等，会不断地通过媒介强化某一种特定的社会性别观念。

常见问题小贴士

Q：一个女生穿着打扮以及行为举止都像个男生，这正常吗？

A：正常，每个人都可以有自己的穿着喜好、独特的行为习惯和喜好。一些社会普遍的性别观念，比如女生一定要留长头发、要穿裙子，行为要温婉、柔和，等等，这些都是对女性角色期待的刻板印象，它不但束缚了女性多样化角色发展的可能性，也给一些没有能够按照这个标准去行事的女生带来性别认同困扰。一个女生可以根据自己的兴趣选择自己喜欢做的事情，只要这些事情不触犯法律，没有侵犯到他人的利益，又在自己的能力范围内，那么女生完全可以遵从自己的内心选择，自由地发展自我，开发自我潜能，实现自我价值，不必拘于某一种特定的、刻板的角色定位。

Q：如果一个男生喜欢翘兰花指、说话"嗲"，是不是很好笑？

A：其实，每个人都有自己独特的个性和行为习惯，不应该因此被嘲笑甚至侮辱、欺凌。青少年应该以包容的心态去认识、接纳并尊重每个独特的人。其实，男性必须阳刚或者女性必须要温柔，是一个特定文化中对男性及女性的一种角色、身份的认定和期待，它与生理性别之间没有必然的联系。也就是说，男性或者女性，并不是必然与阳刚或者温柔联系在一起。在一个存在多元主体的复杂社会，当面对主流之外的社会性别观念时，社会应该有一个开放、接纳、包容的空间。我们要尊重每一个人在不触犯法律、不侵犯他人合法利益的基础上自由地发展自我、表达自我。所以，青少年朋友应该在与人的交往中，学习尊重他人的选择，尊重、包容多元的价值取向。

第三章 价值观念

本章将介绍有关爱与性方面的基本价值和观念,并帮助青少年建立健康、积极的恋爱观及性观念。希望在青少年工作者的帮助下,青少年能够理解爱情和性背后的界限,建立理性认识,导向理性行为。

一 爱情与性

在开始接触爱情的时候,青少年应该理解在爱情与性背后的深层次意义,明白爱情与欲望之间的区别和界限,学会尊重、坦诚及自制。只有体会、明白了这层意义和关系,做出理性的判断,尊重、爱护自己和对方,做出负责任的行为,才可能真正体味到爱情的美好。在此,我们希望能够传递健康、积极的价值观念,引导青少年逐步建立基本的性价值观,加深对两性的理解,健康成长。

关键词: 恋爱观　性倾向

二　性价值观

1. 恋爱观

恋爱观是指一个人对于爱情的认识与了解，对于恋爱的态度、看法及行为倾向。一个人的恋爱观很大一部分取决于他的人生观、世界观和价值观。

青少年在初步接触恋爱，与他人建立恋爱关系的过程中，应建立起良好的心态及恋爱观去面对恋情及恋人。

> **常见问题小贴士**
>
> Q：青少年一旦开始恋爱，应如何建立健康、长久的恋爱关系？
>
> A：（1）要注重双方的真挚情感及是否志同道合。在选择情侣时，肯定要考虑性格、爱好、经济收入等因素，但是彼此之间的感情以及是否志同道合才是恋爱持久的保证。
>
> （2）尊重对方情感，平等履行义务。恋爱关系的建立必须出于双方共同的意愿，双方应处于完全平等的地位，任何一方都不能强迫或诱骗另一方接受自己的爱。同样，任何一方也不要违心地去勉强爱一个自己不喜欢的人。双方一旦确定恋爱关系，就要对等地共同承担这一关系所包含的全部义务。
>
> （3）坦诚相待，感情专一。恋爱双方彼此之间需要有一个全面了解的过程，要坦诚相待，感情专一，不能同时有其他情侣，或轻率转移爱情。即使发现彼此之间不适合，也应当通过正当方式中断爱情关系，然后才能再去选择新的情侣。
>
> （4）恋爱双方需要节操，鼓励双方理性交往。爱情关系

确定后,双方在加深交往过程中必须以理智驾驭情感,尊重、保护双方,恪守法律,学习自制。在未能完全承担责任之前,不要随便地发生性关系,切忌在亲密的身体接触下发生不理智的性行为,为双方的身心和感情带来不良影响。

2. 性倾向

性倾向,亦称性取向、性指向、性位向,来自英文"sexual orientation",是指一个人在情感与性上对男性及女性持何种态度的取向。最近几十年的研究表明,性倾向是个程度渐进的连续概念,就像肤色一样。每个人的性倾向位于从"只对异性感兴趣"到"只对同性感兴趣"之间的某个位置。通常,性倾向被归为三类:异性恋(对异性产生浪漫情感与性的吸引)、同性恋(对同性产生浪漫情感与性的吸引)、双性恋(对两性均能产生浪漫情感与性的吸引),此外,亦有无性恋的概念(对两性均无浪漫情感或性的吸引)。一些研究表明,性倾向形成于童年或青少年早期。① 同性恋的形成既有遗传因素,也有社会因素,同性恋不是罪错,不由自我决定,所以不应遭受来自社会的道德指责。

性倾向的多样化情况在人类历史和世界不同国家与文化中都有描述。不过,从人类历史的角度来说,大多数的国家与文化都更加认可、接纳异性恋。但是,在全球各地同性恋者不断争取自身权利的努力下,部分国家和地区已经承认同性恋婚姻的合法性,同性不能结婚的观念也正在受到挑战。在中国,尽管法律不允许同性恋结婚,但到目前为止,中国社会对同性恋的容忍程度有所提升,至少同性恋爱已经不再是犯罪行为。

性倾向的多样化情况如图 1-1 所示。

---

① 参见维基百科:http://zh.wikipedia.org/wiki/%E6%80%A7%E5%8F%96%E5%90%91。

| 10%~15% | 大约80% | 3%~5% |
| 完全异性性倾向 | 或多或少存在双向恋 | 完全同性性倾向 |

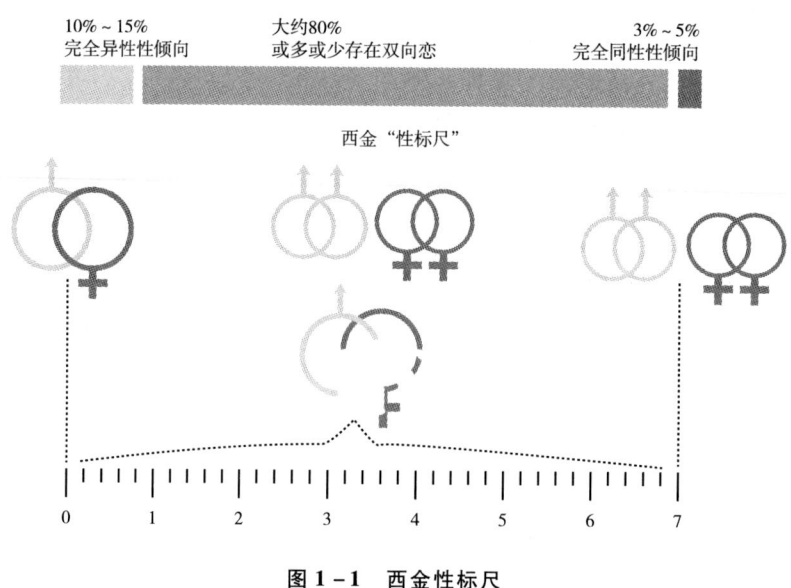

西金"性标尺"

0　1　2　3　4　5　6　7

图1-1　西金性标尺

图1-1为西金1948年公布的研究成果，这一标尺数据根据美国全国范围内进行的广泛调查而得出，访谈对象达到1.2万余人。西金把性倾向分为7个等级，0级为完全异性性行为者，6级为完全同性性行为者。而中间5个等级均为具有双向性行为者，等级数值越大，同性性倾向程度越高。完全同性性倾向的人只占总人群的3%~5%，完全异性性倾向的人占总人群10%~15%，而大约80%的人都或多或少存在双向恋的情况，一生中哪怕有一次同性性接触也算在内。[①]

常见问题小贴士

Q：青少年在青春期阶段是否应该学习性知识？

A：在任何时期均需要学习性知识。性知识的范畴很广，包括生命的起源，男女之别，生殖系统、青春期的转变与

---

① 谁决定同性恋？遗传可能性极大，同时也有社会因素。参见《南方都市报》2013年8月12日 第GA08版。

第三章 价值观念

适应，两性相处、恋爱、性行为的考虑，避孕方法，婚姻、家庭关系等。进入青春期后，青少年生理、心理等各方面都发生重要的变化，学习相关知识有助于帮助他们解释困惑，有效地引导积极、理性的行为方式。性知识的学习也将有助于青少年学会在现实的生活中敏锐地识别可能的危险，尤其是当遭遇来自他人的性侵犯时，能更好地保护自己，安全、平稳地向成人期过渡。

Q：什么才算色情？

A：色情的定义没有一定的标准，概括来说，色情是以夸张、扭曲及淫秽的方法来描绘性器官和性行为等，而这些内容没有任何教育性或医学性，只是纯粹提供官能刺激，挑起受者的性欲。色情信息一般会出现在一些网络、杂志、电影中。青少年对包含色情元素的事物应有一定的辨识能力及判断力，同时选择积极、健康的生活方式，在面对爱情时，真诚、负责地对待情侣，这些在色情杂志或电影中是受到扭曲的。

Q：性感是指不穿衣服？

A：不是。性感不仅仅是指身体，还指内在的魅力。真正的性感是健康的、阳光的、美丽的、有内涵的，而不是低俗的、裸露的。

Q：什么叫做性幻想？有性幻想是不是不道德的行为？

A：一切与性有关的联想都可以称为性幻想。性幻想是人类最常见的性现象（又被人俗称为"意淫"）。每一个心智健全的人都会有这样、那样的性幻想，只不过在出现的频率、长短、内容、性质以及对待它的态度等方面存在着较大的差异而已。性幻想是一种正常的生理和心理反应，每个年龄段的人都会有不同程度的性幻想。但过分沉溺于性幻想，影响正常生活，则是不可取的。

Q：是不是男生和女生都会想有关性的事情？

A：是的。不管是男生还是女生，到了青春期后可能都会有不同程度和方式的性幻想。在青春发育期，我们常会对一些根本不认识自己的偶像产生倾慕和种种幻想，比如每天看着偶像的海报编织美梦。这种性幻想是正常的。不过幻想宜适度，尤其对于处在花季的少男少女们来说，若只是一味幻想，特别是沉湎于性幻想中，则会延误学业，误入歧途，甚至产生性心理障碍或走上性犯罪道路。

Q：是不是男生和女生都会自慰？

A：是的。自慰在男女不同年龄皆有。有些动物也有自慰的行为。自慰是从儿童期就存在的行为，多是由于无意识地偶尔玩弄生殖器、穿紧身裤、爬杆等活动时，因为摩擦使生殖器受到刺激并引起快感，一般并没有性高潮。无论男女，到了青春期后，由于体内的生理变化、激素增加，会产生性冲动和性欲，而自慰则是释放性冲动的一种方式。

Q：为什么会出现性冲动？

A：青春期出现性欲望和性冲动，是生理发育和心理发育的正常现象。它的发生很大程度上是由于身体里的性激素加速分泌的结果。从生物学角度来说，性冲动是一种生理心理现象，是一种正常的现象，青少年出现性冲动不必惊慌，积极引导即可。

Q：出现了性冲动怎么办？

A：性冲动是自然和正常的生理反应，青少年想适当地调节、克制异常性冲动应做到以下几点。

（1）青少年应学习一些有关的性生理和心理知识，正确认识性冲动，使它处于自己的理智控制之中，防止因一时冲动而轻易发生超越友谊的关系；如若双方对发生性关系还没有准备好，应尽量避免过分亲密的身体接触，因为这极易导致性冲动，进而引起性行为。

（2）抵制诱惑，避免各种不良刺激。青少年要警惕色情和黄色的书籍刊物、淫秽图片和音像制品。

（3）提高克制力，及时转移注意力，弱化冲动欲念。恋爱中的男女可通过改变一下独处的环境来转移一下注意力，如到户外去走走，同朋友玩一玩，参加些体育活动。这样大脑中枢神经的兴奋转移了，性冲动会自然消除。

Q：是不是18岁以后才能发生性行为？

A：刑法规定与未满14岁幼女发生性行为即属强奸。那是否年满14岁就可以发生性行为呢？我们需要考虑生理因素及心理因素。18岁前，由于多数青少年身体仍处于发育阶段，过早的性行为带来的卫生、健康、多个性伴侣、怀孕风险等问题会对青少年的身体健康发育构成威胁。心理方面，只有当事人成熟并能对自己的行为负责任时，才能发生性行为，而社会只是把18岁作为成人的标志。能不能发生性行为的另一个关键在于当事人是否做好了准备。例如，恋爱的双方是否已经决定将关系发展到性关系的程度，并且准备好一些措施比如避孕来防范可能的危险，以及双方是否准备好承担责任及其他后果。

Q：是否只有发生性行为才能证明爱对方？

A：表达爱的方式有很多种，包括爱抚、拥抱、亲吻、彼此帮助扶持等，当然性行为是表达爱意最强烈的一种方式。但要强调的是，性不是爱，性也不必然能够证明爱，它只是表达爱意的其中一种方法。如果单单以性来维系、证明的感情是稳固的，那这样的爱情必然是脆弱的。此外，性也能在感情出现问题时用以挽救、证明两人之间的感情，但是性行为过后，感情问题依旧。只有坦诚地面对感情、积极面对问题才是经得起考验的爱，性行为必须基于成熟的感情和负责任的性态度上。这里尤其需要提醒女生，当你还没有准备好，但是你的男友说你只有同他发生性关系他才相信你爱他的时候，你大可以转身就走或明确拒绝，因为这个男生根本没有考虑到你的感受和处境。若一个男生真的爱你，他会尊重并理解你的选择，并愿意为你等待的。①

Q：青少年发生性行为之前，应该遵守哪些基本的原则？

A：（1）双方自愿原则。自愿是以不违反社会公德、法律为前提，例如不可以强迫他人与自己发生性关系。

（2）无伤原则。不伤害自己，不伤害对方，保护好彼此的隐私。

（3）爱的原则。性是爱的表达方式之一，性是躯体感受与心理感受的有机融合，双方应出于爱而非其他，应在双方真挚情感的基础上，做好心理、生理准备及必要的避孕措施之后才发生性关系。

（4）性禁忌原则。某些遗传病及伦理道德都有性禁忌要求。例如，在我们的文化习俗中规定，近亲属之间不能发生性关系。

Q：如何了解自己的性倾向？

A：青少年可以以平常的心态去留意一下自己的感觉，不用急于确定"我一定是异性恋""我必然是同性恋"。很多时候，情感或性的欲望会自然呈现。人的感觉在短期内对一种性别的人产生情感的依赖，甚至有性幻想和较亲密的行为，并不一定就是异性恋或同性恋。青少年要注意不宜以单一的事件进行判断，例如，与同性有过一次性接触，就定义自己为"同性恋"；或与异性恋爱过或有过亲密关系，就必然是"异性恋"。目前，在社会文化的主流观念中，更多承认的是异性恋，但青少年假如日后认清自己是同性恋，不宜责怪自己而引致内疚或罪

---

① 参见香港家计会：性教育学堂 http://www.famplan.org.hk/sexedu/B5/classroom/Classroom_details.asp?clID=209。

第三章 价值观念

恶感，也不宜强迫自己与异性谈恋爱来加以掩饰，应尝试接受同性恋是自己整体性格中的一部分，同时，了解自己要面对来自自己及社会的压力，适当地保障私生活及隐私。①

Q：**性倾向不同值得质疑吗？**

A：不论属于哪种性倾向，都会面对人生的苦乐、成长、人生、恋爱、性疑惑等困扰。不过有些人对非主流的性倾向带有误解及歧视，令非异性恋的人的生活可能有更多困难。因此，任何性倾向的人，都应先了解及接受自己，再想想如何过好自己的生活。

Q：**面对青少年之间产生在社会中非主流的同性恋情感，家长和老师应该怎么办？**

A：面对少男少女的同性依恋情结，家长和老师能做的，是鼓励孩子与更多同学交往，不要陷入两个人的小圈子；更要鼓励他们与不同性别的同学多交往，以便发展、确认他们的性别认同感。如果经过认真、长久的观察了解，确定孩子是同性恋的性别取向，也不能强迫其改变。同性恋既不是罪错，也不是品质问题，对他人、对社会都无害。只要其行为能对自己和他人负责，就不应受到孤立、指责和歧视。同性恋者与异性恋者一样会遇到感情挫折、情绪起伏，甚至面对更多社会的压力，还可能不知如何面对家人。他们更需要家人、师长的关怀和引导，从而健康、自信地成长。

---

① 参见香港家计会：性教育学堂 http://www.famplan.org.hk/sexedu/B5/classroom/Classroom_details.asp？clID=209。

043

第四章　安全保护

青少年面对复杂的社会，应该学会保护自己，学会考虑后果、承担责任。那么青少年可能遇到哪些危险呢？他们又该如何保护自己呢？此外，他们应该承担什么责任？本篇将介绍有关性行为的安全保护措施及法律知识，青少年工作者可在此获取这些知识，通过向青少年传授，帮助他们安全地度过青春期。

一　性的安全

性行为不但是人与人之间的生理行为，其本身还是一种社会行为，是社会建构的产物。青少年在缺乏足够的承担能力之前，面对意外怀孕等与性相关的意外事件，常常难以负责，也难以挑战社会主流的婚育观及国家婚育制度，作为当事人的女生往往只能选择人工终止妊娠，由此可能会带来无可挽回的身体和心理伤害。此外，性行为本身也可能传播生理疾病，所以，无论是青少年抑或是成人，都需要学习安全性行为的基本知识，保护自己及他人。

关键词：避孕措施　性病

1. 避孕措施

一般来看，避孕措施主要包括宫内节育器、安全套、口服短效避孕药、口服紧急避孕药、皮下埋植药物避孕药等方式，此外，还有一些其他的避孕措施。在此，我们不能给出一个标准答案来回答哪种避孕药更好，需要每个人根据自己的情况来选择适合自己的避孕方式。其中要说明的是，口服紧急避孕药是针对性生活中未采取任何避孕措施的事后补救措施，它绝对不能当作常规的避孕方式。避孕措施详见本章附件一。

常见问题小贴士

Q：避孕药是什么？

A：避孕药一般指口服避孕药，有女性口服避孕药和男性口服避孕药。实际生活中，以女性采用口服避孕药的方法进行避孕的情况为多。避孕药的主要作用包括以下方面：抑制排卵并改变子宫颈黏液，使精子不易穿透；或使子宫腺体减少肝糖的制造，让囊胚不易存活；或是改变子宫和输卵管的活动方式，阻碍受精卵的运送。避孕药也有些副作用，如发生类似早孕反应，出现出血、闭经或经量减少、白带增多、胃痛、头痛、皮疹等症状。有些症状在坚持服药 2~3 月后会自然消失，或在停药后自行恢复正常状态。女性在避孕出现不适时，最好到医院就诊，听取医生意见并对症治疗。

避孕药又分为短期口服避孕药、长效口服避孕药、速效口服避孕药等，针对不同的避孕需求，每个人可有针对性地服用。服用避孕药进行避孕，是一种比较安全、有效的避孕方法，能够大大减少妊娠的可能性，适用于除哺乳期外的所有正常、健康的女性。避孕药具有以下优点：一是成功率比较高，坚持使用，能达到 99% 的避孕率；二是具有可逆性，停药后即可再次怀孕；三是具有一些治疗作用；四是紧急事后避孕药，能够实现紧急避孕。

Q：紧急避孕药可当作常规避孕方法吗？

A：紧急避孕指在未采取保护措施的性交之后72小时（3天）内的避孕。紧急避孕只是一种临时性的补救办法，绝对不能作为常规避孕方法反复使用。一次紧急避孕的药量相当于8天常规短效口服避孕药的药量，长期服用存在致癌的危险。专家认为，一般来说，避孕药一个月最多吃一次，最好一年不要超过3次。

Q：女生怎样知道自己怀孕了？

A：（1）呕吐。多数女性在怀孕6周以上时，会出现恶心、呕吐，一般出现在早晨起床后数小时内。

（2）尿频。怀孕一个月时，很多女性老是想上厕所，总觉得尿不干净。

（3）疲倦嗜睡。怀孕一个月，许多女性会出现浑身乏力、疲倦的现象，没有兴趣做事情，提不起精神，整天昏昏欲睡。

（4）停经。对于月经规则的妇女，怀孕比较容易判断，停经是怀孕的第一信号。

（5）乳房不适。刚怀孕的女性乳房可能会出现刺痛、膨胀和瘙痒感，偶尔压挤乳头还会有黏稠淡黄的初乳产生。

（6）阴道分泌物增多。怀孕一个月时，受激素急剧增加的影响，阴道分泌物增多是正常的现象。

（7）常有饥饿感。很多女性从怀孕开始，总感觉饥饿，这种饥饿感和以前空腹的感觉有所不同。

（8）如果有疑似怀孕的症状，但不能确定是否怀孕，可购买验孕试纸测试或到医院进行相关检查。

Q：如果确实没有做好避孕措施，导致意外怀孕又必须人工终止妊娠，那么何时做人工流产比较好？

第四章 安全保护

A：人工流产对人体具有伤害性，能够避免人工流产就应该尽量避免。若决定要做人工流产手术，在妊娠 10 周内做人工流产最为适宜。因为人工流产手术越早就越简单、越安全；反之，手术就越复杂，手术后康复时间也就越慢，对身体造成的伤害也就越大。这里必须要提醒的一点是，青少年勿因不知如何向家人交代而自行选择没有卫生认可、非法经营的地下诊所进行流产手术。终止怀孕是身心都会经历重大压力、伤害的大事，青少年务必在成年家长陪伴下前往正规医院求医。如感到困扰及不知如何是好，也可向身边的社工求助，他们会一路陪伴青少年，一同商讨处理方法。人工流产对成人的人体伤害都非常大，更不用说对身体发育还未完全的青少年。青少年发生性关系之前，一定要做好避孕措施，以免给自己的身体和心灵带来不可挽回的伤害。

Q：**人工流产有什么危险？**

A：很多人觉得流产是女生才要认识的问题，其实男生也应对此有清醒认识，这样便能更清楚和明白安全性行为对双方的重要性，认真考虑不安全性行为的危害。一般说来，妊娠早期做人工流产，危险性要小一些，后遗症也较少。手术时的危险有两种，一种是大量出血，需要马上补充液体和输血，同时迅速地把胚胎组织刮出来并注射子宫收缩剂进行急救；另一种是子宫穿孔，这也是可能发生的，穿孔了就需要立即从腹部开刀，拿掉子宫或者进行修补。手术后的并发症通常是没有刮干净，血滴流不止或不时地大量流血，这时就需要再刮宫。当然也有刮干净了但新的子宫内膜增生缓慢，血管没有闭塞而继续流血的。此外，最常见的是由于刮宫时，外来的或阴道内的细菌被带到子宫腔内而引起的盆腔炎症，这时需要及时用抗生素治疗。如果当时没有通过治疗断根，变成了慢性盆腔炎，那就会经常出现腰痛、腹痛、白带增多等不适症状，而且会影响生育。有些人在手术期间虽然没有出现异常，术后也没有什么不适，但常常在以后来月经时量特别多，甚至有些人在几年以后才发生月经不调、月经少、性欲减退等现象；也有些人会发生内分泌紊乱症，如肥胖、困倦、记忆力减退等。总之，当正常妊娠时，突然地把胎儿弄掉，即使手术很顺利，也必然扰乱了身体的正常生理过程，很容易引起以后的一些病理改变。所以，能够避免人工流产就应该尽量避免。

Q：多次人流有什么危害？

A：人流的危害包括吸宫不全、子宫出血、子宫发炎、子宫穿孔、子宫内膜异位症、不孕症等。所以，人工流产不宜轻易做，更不宜多做，否则对健康会产生不利影响。另外，它也会造成一定程度的心理影响，例如，产生罪恶感，有自杀的冲动，产生哀悼、退缩、遗憾、懊悔等情绪；失去自信心，降低自尊，对他人怀有敌意，常常感到愤怒，感到绝望、无助，憎恨与堕胎有关的人；迫切想结束与伴侣的关系，甚至失去性欲或不能原谅自己，引发噩梦。青少年如果没有足够的应对及承担能力，一旦发生性行为，切忌要做好避孕措施，对自己、对他人负责。

2. 性病

性病是一组通过性接触而传播的疾病的总称。性病包括淋病、梅毒、艾滋病、非特异性生殖道感染、滴虫病生殖器疱疹、软下疳、淋病性淋巴肉芽肿、阴虱等。

不健康的性生活，如不注重性生活的卫生或过多的性伴侣，将有更大的几率感染性病。

关于性病的系统介绍请见本章附件二。

常见问题小贴士

Q：常见的性病有哪些？

A：疱疹、淋病、梅毒等。

Q：艾滋病主要侵犯人体的哪个系统？

A：免疫系统。

Q：艾滋病的病毒是如何传播的？

A：艾滋病病毒传播的主要途径是性接触、血液接触及母婴传播。

Q：艾滋病病毒会否经由空气或一般社交接触传播？

A：不会。与带病毒者握手、拥抱、吻面颊，一同使用交通工具、进食、上课、工作，共享洗手间或泳池等，都不会感染艾滋病病毒。

Q：怎样预防艾滋病？

A：艾滋病是一种病死率极高的严重传染病，目前还没有治愈的药物和方法，但可以预防。

（1）艾滋病病毒主要存在于感染者的血液、精液、阴道分泌物、乳汁等体液中，所以会通过性接触、血液和母婴三种途径传播。绝大多数感染者要经过5~10年时间才会发展成为病人，一般在发病后的2~3年内死亡。

（2）与艾滋病病人及艾滋病病毒感染者共同生活和进行工作接触（如握手、拥抱、共同进餐、共用工具及办公用具等）不会感染艾滋病，艾滋病不会经马桶圈、电话机、餐饮具、卧具、游泳池或公共浴室等公共设施传播，也不会经咳嗽、打喷嚏、蚊虫叮咬等途径传播。

（3）洁身自爱、遵守性道德是预防经性途径传染艾滋病的根本措施。

（4）正确使用避孕套不仅能避孕，还能减少感染艾滋病、性病的危险。

（5）及早治疗并治愈性病可减少感染艾滋病的危险。正规医院能提供正规、保密的检查、诊断、治疗和咨询服务，必要时还可借助当地性病、艾滋病热线进行咨询。

(6) 共用注射器吸毒是传播艾滋病的重要途径，因此要拒绝毒品，珍爱生命。

(7) 避免进行不必要的输血、注射，避免使用没有严格消毒的器具进行不安全拔牙和美容等，避免使用未经艾滋病病毒抗体检测的血液和血液制品。

(8) 关心、帮助和不歧视艾滋病病人和艾滋病病毒感染者。他们是疾病的受害者，应该得到人道主义的同情和帮助。家庭和社会要为他们营造一个友善、理解、健康的生活和工作环境，鼓励他们采取积极的生活态度，改变危险行为，配合治疗。这样既有利于提高他们的生命质量并延长其生命，也有利于艾滋病的预防和维护社会安定。

二 法律保护

本部分内容希望通过法律知识的普及，来帮助青少年在面临性侵犯时能够更有效地运用法律手段来保护自己。同时，我们也提醒潜在的犯罪人应考虑触犯法律的后果，从而规范、约束自己自身的行为。本部分内容将选取我国涉及青少年遭受性侵犯的真实且典型的部分案件的公开判决书，以判例来展示相关法律在我国的司法实践。因为即使针对同一个罪名，不同的案件却可能出现完全不同的判决结果，所以判例本身的参考性可能要更大一些。在此，我们以判例的形式，向读者展示相关的法律是如何在实际中应用的，以供读者参考。同时，我们也会给出一些常见问题的贴士，帮助青少年保护自己。

此外，我们也要指出，尽管在我们呈现的罪名与案例中，受害群体主要为未成年的女性，但是，据相关研究表明，未成年男性被猥亵或被迫发生性关系的情况近年来愈发加剧,但我们掌握的相关资料有限。不过,在相关法律中,猥亵未成年男性也被认定为猥亵儿童罪。我国没有"鸡奸"罪,未成年男性被性侵只能以"猥亵儿童罪"或"故意伤害罪"起诉。[1] 在此我们也提醒读者,未成年男性的性安全值得家庭、学校及社会的关注。

关键词: 猥亵儿童罪　强奸罪　嫖宿幼女罪　引诱幼女卖淫罪

1. 猥亵儿童罪

我国刑法中对猥亵罪的规定如下。

《中华人民共和国刑法》第二百三十七条【强制猥亵、侮辱妇女罪;猥亵儿童罪】

以暴力、胁迫或者其他方法强制猥亵妇女或者侮辱妇女的,处五年以下有期徒刑或者拘役。

聚众或者在公共场所当众犯前款罪的,处五年以上有期徒刑。

猥亵儿童的,依照前两款的规定从重处罚。

判例展示:【猥亵儿童罪】[2]

黄某某猥亵儿童案
某省某市中级人民法院
刑事裁定书

(2011) 中法刑一终字第 319 号

原公诉机关某市某区人民检察院。

---

[1] 参见中国发展简报:《保护女孩——关注未成年女孩性侵事件》,http://www.cdb.org.cn/zhuanti-IV/index2.html。

[2] 注明:本篇所引用的判例均为公开判决书,均为真实事件,由广东诺臣律师事务所提供。

上诉人（原审被告人）黄某某。因本案于 2009 年 8 月 18 日经某市某区公安分局决定，对其取保候审；2010 年 9 月 15 日经原审法院决定，继续对其取保候审。

区人民法院审理区人民检察院指控原审被告人黄某某犯猥亵儿童罪一案，于 2011 年 5 月 6 日做出（2010）法刑初字第 1673 号刑事判决。原审被告人黄某某不服，提出上诉。本院受理后，依法组成合议庭，经审查全案卷宗材料，认为本案事实清楚，决定不开庭审理，现已审理终结。

原判认定，2009 年 8 月 12 日下午 6 时许，被告人黄某某在其位于本市某区的住所内对儿童张某某（2004 年 11 月 10 日出生）及李某某（2006 年 1 月 26 日出生）实施猥亵，并致张某某轻微伤。

原判认定上述事实所采信的证据如下。

（1）被告人黄某某的供述。2009 年 8 月 12 日 18 时许，与其同住在某小区的两名小女孩找其要花生吃。其中年龄较小的女孩，身穿白色裙子，身高约 75 厘米；年龄较大的女孩，也是身穿裙子，身高约 1 米。其与年纪小的女孩较熟，经常在一起玩，也常给她零食吃。其跟她们说没有花生。之后，其返回家中，那两名小女孩跟着其回到家中，她们待了一会儿就出去了。

（2）被害人张某某的陈述。2009 年 8 月 12 日，其和李某某在东方小区玩滑梯的时候，看见一名老爷爷，他走过来问要不要吃花生，其说要，于是老爷爷将其和李某某一起带回了他的家。去到他家后，他拿花生给其吃，后来他脱了其裤子，用左手食指伸进其阴部里，其当时觉得又痛又痒，老爷爷摸了一下后接着又脱了李某某的裤子，用右手食指伸进她的阴部里，又摸了一下，其当时很害怕，就马上离开了老爷爷的家。其回到家中以后，其姑妈等人在吃饭，没过多久，李某某的妈妈带着李某某来其家，告知其姑妈李某某上厕所小便时感觉很痛，于是其姑妈还有李某某的妈妈便问了其和李某某整个事情的经过，后来其和李某某一起带着其姑妈和李某某的妈妈去找那个老爷爷的家进行确认。其辨认出被告人黄某某就是其所说的老爷爷。

（3）被害人李某某的陈述。2009年8月12日晚7时半，其一家人吃饭，其上厕所感觉阴部疼痛，出来后便告诉妈妈阴部痛，妈妈问其发生什么事了，其告诉妈妈，下午和张某某在小区玩，碰到一个老爷爷，这个老爷爷用花生引诱其和张某某到他家玩。老爷爷给其吃了几粒花生，就先把张某某抱到自己的身上，脱了张某某的内裤，用手指摸了张某某的阴部，后来又把其抱到他身上，脱了其内裤，又摸了其阴部，他摸完之后就让其自己下楼梯了。到了晚上，妈妈带着其去找张某某，后来，其和张某某带着其妈妈和张某某的姑妈去找那个老爷爷。其辨认出被告人黄某某就是其所说的老爷爷。

（4）证人李某如（被害人李某某的母亲）的证言证实的内容与被害人李某某陈述的内容基本一致。证人李某如辨认出被告人黄某某就是其女儿李某某所说的老年男子。

（5）该区公安分局出具的现场勘查笔录、现场照片证实。案发现场的基本情况。

（6）某区公安分局出具的法医学活体检验鉴定书证实。张某某的处女膜完整，未见新鲜破损，其阴部的损伤符合钝性外力作用所致，属轻微伤。

（7）某区公安分局出具的法医学活体检验鉴定书证实。李某某检验时处女膜完整，未见新鲜破损。

（8）某区公安分局出具的到案经过证实。被告人黄某某不具有投案自首情节。

原审法院认为，被告人黄某某无视国家法律，猥亵儿童，其行为已构成猥亵儿童罪。依照《中华人民共和国刑法》第二百三十七条第三款之规定，以被告人黄某某犯猥亵儿童罪，判处有期徒刑一年。

上诉人黄某某上诉提出，其没有猥亵两名小女孩的故意，也没有猥亵两名小女孩的行为，原判认定的事实错误，请求二审法院依法改判其无罪。

本案审理期间，上诉人黄某某没有提出新的证据。经审理查明，原判认定上诉人黄某某猥亵两名儿童的事实清楚，证据确实、充分，本院予以确认。

关于上诉人黄某某提出的上诉意见，经查，二名被害人虽然年龄尚幼，但具备一定的认知水平和表达能力，所述内容为其直接感知；侦查机关的取证程序、方式符合法律及有关规定。故其二人的陈述具有高度的可信性。被害人张某某、李某某均证实黄某某带其二人回该小区原审被告人黄某某的住所，黄某某用手指摸其二人阴部，并有法医学活体检验鉴定书证实张某某的阴部损伤情况相印证，且证人李某如作为被害女童的监护人，也证实自己的女儿向其反映被黄某某侵犯，并在事发后由二名被害人带其到黄某某家进行指认。综上，本案证据与证据之间、证据与案件事实之间不存在矛盾之处，根据证据得出的结论具有唯一性，故足以证实原审被告人黄某某实施了猥亵两名女童并致其中一人轻微伤的事实。其提出的上诉意见，与查明的事实不符，不能成立。

本院认为，上诉人黄某某无视国家法律，猥亵儿童，其行为已构成猥亵儿童罪，依法应予惩处。原判认定上诉人黄某某的身份情况有误，现予以纠正。原审判决认定的事实清楚，证据确实、充分，定罪和适用法律准确，量刑适当，审判程序合法，应予维持。依照《中华人民共和国刑事诉讼法》第一百八十九条第（一）项的规定，裁定如下：

驳回上诉，维持原判。

本裁定为终审裁定。

审 判 长 钟 某
代理审判员 彭 某
代理审判员 文某某

第四章　安全保护

常见问题小贴士

Q：青少年应该怎样保护自己，从而避免受到上述判例中两名女童受到的伤害？

A：青少年首先要认识自己的身体，保护好自己的身体。人体是由不同的器官组成，每个器官都有它的名称和独特的功能。男生和女生的身体有着很多相同和不同的器官，它们都是构成身体的一部分，是同样重要和宝贵的。作为身体的主人，每一个青少年都要爱惜生命，好好保护每一个器官，使它们能正常运作。而在身体的众多器官当中，有些叫作"隐私部位"，是不可随便让人抚摸或观看的。女生的隐私部位包括胸部、阴部和臀部等，男生的隐私部位则为阴茎、阴囊和臀部等。由于这些部位不可随便让人抚摸或观看，因此，每个人都要穿衣服遮蔽并保护身体，游泳时也要穿着泳装，洗澡时亦需把门关上。青少年如若遇到他人对自己身体的隐私部位有过分的举动或他人（尤其是陌生人或熟知的成人）向自己提出不合理的性要求时，要马上拒绝并大声呼叫或向父母、小伙伴（同学）及社工求助。[1]

具体措施如下。

(1) 外出时，要结伴而行。特别是在陌生的环境，要注意留意那些不怀好意的尾随者，必要时可采取躲避措施。

(2) 不要接受陌生人的食品或饮品。

(3) 对于不当或不舒服的身体接触，要勇敢说"不"。

(4) 遭遇袭击的时候，要尽可能大声呼救，制造动静，给对方施加心理压力。一旦脱身，要及时向警察或者路人求助。

(5) 牢记陌生人或者熟知的人都有可能成为性侵犯的实

---

[1] 参见香港家计会：性教育学堂 http://www.famplan.org.hk/sexedu/B5/classroom/Classroom_details.asp？clID＝175。

施者，要注意防范。

(6) 学习几招简单而实用的应对招式，重在威慑。遭遇危险的时候，要冷静对付，利用肘、膝盖、脚跟、手等部位，趁其不备，用力攻击色狼的薄弱部位，比如裆部、面部等。搏斗后尽可能不要清理，以方便警方采集证据。

(7) 如果遭到侮辱或强暴，不要隐瞒，一定要及时报警，避免再次受到伤害，要勇于保护自己的权利。①

Q：对青少年实施哪些行为肯定是恶意的？对此青少年应注意防范。

A：(1) 大人把青少年带到隐蔽的地方，让他（她）脱衣、脱裤子。

(2) 摸他（她）的胸部、下身或让她/他摸该大人的敏感部位。

(3) 和他（她）谈论敏感部位或者一起看有裸露镜头的电影、视频。

(4) 大人用他身体某部位（如生殖器）接触他（她）身体的任何部位。②

2. 强奸罪

我国刑法对强奸罪的规定如下。

《中华人民共和国刑法》第二百三十六条：【强奸罪】

以暴力、胁迫或者其他手段强奸妇女的，处三年以上十年以下有期徒刑。

奸淫不满十四周岁的幼女的，以强奸论，从重处罚。

强奸妇女、奸淫幼女，有下列情形之一的，处十年以上有期徒刑、无

---

① 参见凤凰网：《幼女防性侵手册》http：//news.ifeng.com/mainland/special/ertongxingqin/。
② 参见凤凰网：《幼女防性侵手册》http：//news.ifeng.com/mainland/special/ertongxingqin/。

期徒刑或者死刑：

（1）强奸妇女、奸淫幼女情节恶劣的；

（2）强奸妇女、奸淫幼女多人的；

（3）在公共场所当众强奸妇女的；

（4）二人以上轮奸的；

（5）致使被害人重伤、死亡或者造成其他严重后果的。

判例展示：【强奸罪】

曾某某强奸案
某市某区人民法院
刑事判决书

（2012）刑初字第 732 号

公诉机关某市某区人民检察院。

被告人曾某某。因涉嫌犯猥亵儿童罪于 2011 年 10 月 28 日被刑事拘留，因涉嫌犯强奸罪于 2011 年 12 月 2 日被逮捕。现羁押于某市某区看守所。

辩护人周某某，某市某律师事务所律师。

辩护人朱某某，某市某律师事务所律师。

某市某区人民检察院以检未检刑诉【2012】44 号起诉书指控被告人曾某某犯强奸罪，于 2012 年 2 月 29 日向本院提起公诉。本院依法组成合议庭，因涉及个人隐私，不公开开庭审理了本案。某市某区人民检察院指派检察员邵爱红出庭支持公诉，被告人曾某某、辩护人朱某某、被害人法定代理人张某某、诉讼代理人章某到庭参加诉讼。现已审理终结。

经审理查明，2011 年 10 月 26 日下午，被告人曾某某至某市某区某路附近，将放学途经此处的被害人张某某（女，11 岁）强行拖拽至桥下绿化带,对张某某进行言语威胁后,用手和生殖器触碰张某某阴部。

2011年10月28日,被告人曾某某被抓获。

在本院审理阶段,被告人家属赔偿被害人人民币一万元。

以上事实,被告人曾某某在开庭审理过程中亦无异议,并有被害人张某某的陈述、证人张某某的证言、辨认笔录、验伤通知书、人口信息、案发经过等证据证实,足以认定。

本院认为,被告人曾某某采用威胁等手段强行与未满十四周岁的幼女发生生殖器接触,其行为已构成强奸罪。公诉机关指控的犯罪成立,本院予以支持。被告人奸淫不满十四周岁的幼女,依法从重处罚。被告人当庭自愿认罪,且其家属对被害人进行了一定的赔偿,故对被告人酌情从轻处罚。辩护人要求对被告人从轻处罚的意见,本院予以采纳。依照《中华人民共和国刑法》第二百三十六条第二款之规定,判决如下:

被告人曾某某犯强奸罪,判处有期徒刑四年八个月。

(刑期从判决执行之日起计算;判决执行以前先行羁押的,羁押一日折抵刑期一日,即自2011年10月28日起至2016年6月27日止。)

审 判 长 苏 某
审 判 员 康 某
人民陪审员 孙某某
二〇一二年三月二十二日
书 记 员 佘某某

常见问题小贴士

Q:青少年若遭遇性侵犯(主要指强奸),应该怎么办?

A:若青少年被以暴力、强制等手段施以强奸,对青少年造成的伤害常常难以消除,有的可持续至成年,甚至给受害者的终生健康和生活幸福蒙上阴影,产生消极影响。对此，关键在于事前预防，学校、家庭、社会一定要做好青少年遭受性侵犯的预防工作，保护青少年的身心健康。当下中国尤其是学校，应做好对教师道德、行为规范的教育及管理，以免青少年遭受来自学校教职工的性侵犯。此外，权势阶层也是实施性侵的一大主体。一份标明资料来源于北京市青少年法律援助中心、广州市妇联的图示表明，性侵幼女的施暴者中，45%为公职人员。[①] 具体而言，青少年一旦遭遇性侵犯，应注意以下问题。

（1）受害人应尽快报案，记住罪犯长相、特征，配合公安机关尽快抓住罪犯，用法律来惩治罪犯。受害人如果受到威胁不让报案，更应该勇敢地向家人、警方求助，以防重复受害。

（2）受害人应注重证据的保存，配合公安机关做好罪犯精液采集等工作；另外，也需采取措施，防止受孕。例如，在强奸发生后，受害人要尽快到医院的计划生育门诊就诊，防止因受孕带来更大的伤害。

（3）遭受不幸的青少年家庭应尽量寻求法律援助，诉诸法律途径，惩治罪犯，保护青少年的合法权益。

（4）预防性病。如果遭遇强奸，受害人要及时去医院做必要的检查和治疗，以防感染性病。

（5）社会和受害者的父母要帮助受害者从困境中走出来，把身心伤害降到最低程度。

（6）受害人家庭必要时可与学校、社区、公安、律师、社会救助机构、青少年保护机构、心理咨询机构等取得联系，以寻求更有利的外界援助。

Q：青少年遭受性侵犯（主要指强奸）造成的伤害有哪些？

[①] 参见中国发展简报：《保护女孩——关注未成年女孩性侵犯事件》，http://www.cdb.org.cn/zhuanti-IV/index2.html。

A：造成的危害主要涉及身体方面和心理方面。身体方面的伤害包括以下几点：各种身体伤害甚至死亡，生殖功能损伤，感染性传播疾病，非意愿怀孕，各种躯体症状（头痛、腹痛、睡眠障碍、饮食障碍等）。心理方面的伤害有：病态性恐惧、回避、自责、焦虑、烦恼、敏感，注意力不集中；抑郁、低自尊、人际交往障碍；容易发生各种危险行为（如药物滥用、过早的性行为、自杀意念和自杀企图、故意或慢性自我伤害、意外事故倾向等）。性侵犯对青少年造成的伤害，常常难以消除，有的可持续至成年，甚至让受害人的终生健康和生活幸福蒙上阴影。遭遇性侵犯的受害人应及时接受相关的物理治疗及精神治疗，受害人也应关注自己的情绪，可向社工或可信任的人求助，得到情绪支援。

3. 嫖宿幼女罪

我国刑法对嫖宿幼女罪的规定如下。

《中华人民共和国刑法》第三百六十条：【传播性病罪；嫖宿幼女罪】

明知自己患有梅毒、淋病等严重性病卖淫、嫖娼的，处五年以下有期徒刑、拘役或者管制，并处罚金。

嫖宿不满十四周岁的幼女的，处五年以上有期徒刑，并处罚金。

近年来，嫖宿幼女罪遭到来自社会舆论的诟病，社会各界一直在积极呼吁取消嫖宿幼女罪。近几年来，我国发生了几大社会事件，未满十四岁的少女都成为性侵事件的受害人。而权贵阶层往往利用"嫖宿幼女罪"摆脱重罪，对未成年人的身心造成了巨大的伤害。

社会各界包括学术界、法律界、社会组织、媒体等都在积极呼吁取消嫖宿幼女罪，积极参与到保护未成年人的行动中。在此，我们就不再对该罪进行判例展示。

4. 引诱幼女卖淫罪

我国刑法对引诱幼女卖淫罪的规定如下。

《中华人民共和国刑法》第三百五十九条：【引诱、容留、介绍卖淫罪；引诱幼女卖淫罪】

引诱、容留、介绍他人卖淫的，处五年以下有期徒刑、拘役或者管制，并处罚金；情节严重的，处五年以上有期徒刑，并处罚金。

引诱不满十四周岁的幼女卖淫的，处五年以上有期徒刑，并处罚金。

【判例展示】

左某某等引诱幼女卖淫、容留、介绍卖淫案
某省某市中级人民法院
刑事裁定书

（2011）中刑一终字第 0015 号

原公诉机关某省某县人民检察院。

上诉人（原审被告人）左某某（又名左某），2010 年 8 月 20 日被某省某县公安局抓获，次日因涉嫌引诱幼女卖淫罪被刑事拘留，同年 9 月 21 日被逮捕。现在押。

原审被告人彭某某，2010 年 8 月 21 日因涉嫌容留、介绍卖淫罪被某省某县公安局刑事拘留，同年 9 月 21 日经某省某县公安局决定对其监视居住，同年 11 月 9 日由某省某县人民法院决定对其取保候审。

某省某县人民法院审理某省某县人民检察院指控原审被告人左某某犯引诱幼女卖淫罪，原审被告人彭某某犯容留、介绍卖淫罪一案，于 2010 年 11 月 23 日做出（2010）刑初字第 486 号刑事判决。宣判后，原审被告人左

某某不服，向本院提出上诉。本院依法组成合议庭，经过阅卷，讯问上诉人，认为本案事实清楚，决定不开庭审理。本案现已审理终结。

某省某县人民法院认定：2010年7月25日至8月份，被告人左某某以赚钱为由引诱未满十四周岁被害人肖某和姜某到被告人彭某某的某县某路某招待所内卖淫，被告人彭某某负责介绍嫖客和开房。肖某、姜某卖淫多次，每次盈利100元，其中被告人彭某某收取30元，被告人左某某和肖某及姜某共同收取70元。

该院认定上述事实的证据有：接受刑事案件登记表，被害人肖某、姜某的陈述，证人刘军、陈卫的证言，到案经过，《行政处罚决定书》，被告人左某某、彭某某的供述和辩解。

某省某县人民法院认为，被告人左某某引诱不满十四周岁幼女卖淫，其行为已构成引诱幼女卖淫罪；被告人彭某某容留、介绍他人卖淫，从中获取非法利益，其行为已构成容留、介绍卖淫罪。被告人左某某、彭某某归案后认罪态度较好，且系初犯，均可酌情从轻处罚。依照《中华人民共和国刑法》第三百五十九条、第七十二条、第七十三条第二款及第三款的规定，判决如下：被告人左某某犯引诱幼女卖淫罪，判处有期徒刑五年，并处罚金一万元。被告人彭某某犯容留、介绍卖淫罪，判处有期徒刑三年，宣告缓刑五年，并处罚金两万元。

上诉人左某某上诉称：自己并不知道被害人肖某、姜某未满十四周岁，原审量刑过重。

经二审审查，原审判决认定事实清楚、证据确实、充分，本院予以确认。

本院认为，上诉人左某某引诱肖某和姜某卖淫，其中肖某未满十四周岁，上诉人左某某的行为已构成引诱幼女卖淫罪。原审被告人彭某某容留、介绍他人卖淫，其行为已构成容留、介绍卖淫罪。针对上诉人左某某提出的"自己并不知道被害人肖某、姜某未满十四周岁，原审量刑过重"的上诉意见，经查，上诉人左某某的妹妹左某与肖某、姜某系同班同学，上诉人左某某知道左某出生于1996年，故上诉人左某某应当知道肖某可能不满十四周岁，故上诉人左某某的上诉意见本院不予采纳。原审判决认定事实清楚，证据确实、充分，适用法律正确，量刑适当，审判程序合法。依照《中华人民共和国刑事诉讼法》第一百八十九条（一）项之规定，裁定如下：

驳回上诉，维持原判。

本裁定为终审裁定。

审　判　长　李某某

审　判　员　肖　某

代理审判员　邹　某

二〇一一年二月十日

书　记　员　周　某

Q：青少年应如何防止被不法分子拐骗？

A：（1）青少年要知道自己和家长的姓名、家庭地址、家长工作单位或家庭电话号码，并学会怎样打电话。

（2）不要接受任何陌生人给的东西，也不要接受他们的邀请。

（3）与父母一道出门购物、游玩时，如果失散了，要学会去找志愿者或交通警察。

（4）如果有陌生的成年人叫自己干什么事情，不要听从。

（5）如果陌生人告诉青少年说家中某人受了伤，要把自己带到此人所在的地方，这多半不是真的，应该拒绝。

（6）放学后临时有事不能按时回家时，先要打电话或用其他方式告诉家长。①

---

① 参见中华人民共和国公安部网页：http://www.mps.gov.cn/n16/n1641503/n1647489/1647583.html。

附件一

各类避孕措施一览表*

方法	有效率	优点	缺点	注意事项
宫内节育器	90%以上	(1)节育环对全身干扰较少，作用于局部，取出后不影响生育 (2)具有安全、有效、可逆、简便、经济等优点，是最常用的节育用具之一	(1)可能在放置的过程中导致子宫受损 (2)可能损害其他器官 (3)可能造成经血过多或经期过长 (4)可能造成宫外孕 (5)可能造成子宫内膜纤维化病变 (6)可能带环怀孕，导致避孕失败	患有急性盆腔炎、急性阴道炎、重度宫颈糜烂、月经过多或不规则出血、子宫肌瘤、子宫颈口过窄等疾病及患有严重全身性疾病的妇女不宜放环，否则会导致炎症加重、月经量增多
安全套	避孕成功率一般为85%，受过专门训练的使用者则可使避孕成功率达到98%	(1)安全、可靠，用法简便、经济，易于购买，对人体无害、无副作用 (2)预防性传播疾病，正确使用避孕套可使感染艾滋病的概率降低85% (3)防止包皮垢对宫颈的刺激，降低宫颈癌发生的危险 (4)防止早泄，延长性交时间	(1)使用不当可能造成避孕失败 (2)降低性交时的快感	(1)价钱：了解当地的销售价钱 (2)注意正确使用避孕套，保证使用过程中完好无损并且全程使用，否则可能导致避孕失败
口服短效避孕药	99.9%	(1)成功率高，坚持使用能达99.9%的成功率 (2)有可逆性，停药后可再怀孕 (3)有一些治疗作用	(1)可能出现恶心、呕吐现象 (2)可能出现不规则的子宫出血 (3)月经改变 (4)可能出现乳房胀痛、头痛、头晕、乏力等轻微症状	(1)患急、慢性肝炎及肾炎的女性不宜服用 (2)患有心脏病或心功能不良的女性不宜服用 (3)患有高血压的女性不宜服用 (4)患有糖尿病或有糖尿病家族史的妇女不宜服用 (5)甲状腺功能亢进的妇女在治愈前最好不要服用

续表

方法	有效率	优点	缺点	注意事项
口服短效避孕药				(6)乳房良性肿瘤、子宫肌瘤以及各种恶性肿瘤者不宜使用 (7)过去或现在患有血管栓塞性疾病(如脑血栓、心肌梗死、脉管炎等)者不能使用 (8)患慢性头痛特别是偏头痛和血管性头痛的妇女不宜使用 (9)过去月经过少者,最好不用 (10)哺乳期妇女不宜使用
口服紧急避孕药	75%~89%(取决于服药时间的快慢)①	在没有安全措施或者安全措施失败的情况下,在规定时间内服用能降低怀孕率	同上	(1)紧急避孕只能对本次无保护性生活起作用,且一个月经周期中只能服药一次,本周期服药后性生活仍应采取其他可靠的避孕措施 (2)紧急避孕药只是一种补救措施,绝对不能作为常规避孕方法反复使用 (3)紧急避孕失败而妊娠者,新生儿畸形发生率高,必须终止妊娠
皮下埋植药物避孕	99.9%	(1)避孕效果好,成功率达到99.9% (2)避孕时间长,一次埋植可避孕5年 (3)药物反应小,这种避孕剂中只有孕激素,不含雌激素,所以副作用较口服避孕药小 (4)具有可复性,将硅胶囊管取出后可以很快恢复生育能力	20%的女性出现经期不准、经期延长、经血增多和月经失调的情况,个别还会出现闭经,上述这些现象多数在半年后逐渐好转	患有严重贫血、高血压病、频发性头痛、甲状腺功能(国内一般说法)亢症、乳腺癌、糖尿病、子宫肌瘤、卵巢肿瘤、严重皮肤病、肝炎、肾炎等疾病,以及有宫外孕病史者、哺乳期妇女、体重大于70公斤或正在服用抗癫痫药、抗结核病药物的妇女均不适合采用这种避孕方法

* 〔美〕葛兰·昆特编著,《我们在成长——特殊教育学校性教育教案》,解慧超译,广东教育出版社,2010。

① 〔美〕葛兰·昆特编著,《我们在成长——特殊教育学校性教育教案》,解慧超译,广东教育出版社,2010。

附件二

1. 性病简介

性病是一组通过性接触而传播的疾病总称。20世纪60年代以前，性病只包括梅毒、淋病、软下疳、性病性淋巴肉芽肿和腹股沟肉芽肿等5种，称为经典性病。除上述经典性病外，性病还包括非淋菌性尿道炎、艾滋病、尖锐湿疣、传染性软疣、生殖器疱疹、生殖器念珠菌、滴虫病、细菌性阴道病、阴虱病、疥疮、乙型肝炎和股癣等。

性病的防治是一项社会性很强的工作，在动员社会各方力量齐抓共管、综合治理的同时，还要加强性病知识的普及教育。政府要通过宣传教育把有关预防知识教给群众，从而提高他们的自我防护能力，这是预防和控制性病最有效的方法之一。

2. 常见的几种性病简介

（1）淋病。男性患淋病后可自尿道口排出稀薄、清淡的粉性分泌物，并很快变黏稠、变多，颜色可呈白色、黄色或黄绿色，这时已成为脓性分泌物，内裤上可见大量脓迹。尿道口周围可有水肿，排尿可有烧灼感，腹股沟淋巴结可肿大。因为淋病的早期症状对男子来说是痛苦的和严重的，所以他们会积极求治。若未及时治疗则可沿尿道上行蔓延，引起附性腺感染。也有不少男性患者的症状较轻或无症状，他们是把淋病传播给女性的重要传染源。

60%~80%的女性淋病患者在疾病早期无症状，因而她们并不知道自己已受感染。女性感染淋病可首先侵犯子宫颈，排出少量脓性分泌物，由于量少以致不易察觉。症状也可蔓延至外阴和尿道，引起排尿时烧灼性疼痛。由于该病早期不易为患者所察觉，因而治疗自然是不及时的，那么经由子宫向上蔓延就毫不奇怪了。未经治疗的淋病已成为女性不育的最常见原因之一。非生殖器淋病感染包括口咽部、肛门和直肠。眼睛是新生儿最常见的感染部位,所以分娩后给新生儿的眼睛滴用硝酸银或红霉素等其他抗生素眼药已成为护理常规。若不处理而感染的话,可致小儿失明。淋病之所以难以控制,主要是因为致病菌的耐药性,加上它的潜伏期短、传播快,导致治疗与预防都较困难。淋病治疗以青霉素为主,可合用丙磺舒、大观霉素或头孢霉素等抗生素。治疗适当并充分的话,症状在短期内可明显改善或消失。

(2)梅毒。梅毒是古老的性病之一,青霉素是治疗梅毒的有力武器,但它的根治至今仍是一件困难的事。梅毒的特点是3周内不会出现症状,3周后生殖器开始出现硬疙瘩,随后破溃形成溃疡。溃疡的边缘发硬并隆起,称为"硬下疳"。在此要注意其与软下疳、生殖器疱疹的区别。6周后,硬下疳才能由血液检查做出诊断。也有些人不出现症状,但有传染他人及晚期发展为脑梅毒的危险性。因此,定期查血是很重要的,发现阳性要及时治疗。

(3)艾滋病。"艾滋"是英文病名缩写 AIDS 的音译,在医学上叫获得性免疫缺陷综合征。艾滋病是一种由人类免疫缺陷病毒感染而引起的疾病,患者主要包括同性恋者(占75%)、毒品海洛因注射者(占15%)、美国的海地移民(占5%)、血友病患者中经常以注射浓缩抗血友病球蛋白治疗的人(占1%),其他人占4%。其初期表现与普通感冒、咽喉炎相似。一半病人可出现全身淋巴结肿大和肝脾大等症状,但这些症状都不是特异的。特有症状有两个:一是皮肤出现多发性出血性肉瘤,二是并发一些常人极少出现的疾病,如肺囊原虫性肺炎、弓形虫病和非典型性分枝杆菌与霉菌等感染,它们的发病率在25%~50%。艾滋病被人称为瘟疫,是因为它的传播速度与波及地域都是非常令人吃惊的,艾滋病的传播途径与乙型肝炎基本相似,其病毒可存在于血液、精液、唾液、泪水和乳汁等内。艾滋病的传染方式以性传染最为普遍,尤其是在同性恋或异性乱交者中,但这并非唯一的传染方式。美国疾病控制中心的研究表明,唾液可使艾滋病病毒失活,所以唾液中的病毒检出率较低,唾液传播率也较低。虽然生殖器接触并非有危害的行为，但它带来感染的危险性决不能排除，因为双方总会有精液、血液等的接触。避孕套只能限制精液的接触，而不能起到彻底的保护作用，所以，不能因为用了它就以为保险、万无一失了。

（4）非特异性生殖道感染。非特异性生殖道感染即非淋菌性尿道炎，是一种常见的性传播疾病，沙眼衣原体和解脲支原体是主要病原体。初步调查表明，服用口服避孕药的妇女和使用宫内节育器的妇女的感染率较高，而男方使用避孕套时她们则很少感染。其原因为避孕药可使敏感的柱状上皮增多，也可能是激素的刺激作用促进衣原体在宫颈上皮中的生长。即使排除性因素，口服避孕药妇女的非特异性生殖道感染的发病率也明显升高。研究表明，避孕套是唯一可降低支原体感染传播的避孕方法。阴道隔膜和宫颈帽也有类似的预防作用，而且它们不像避孕套那么容易破裂，对于男方不愿意使用避孕套的妇女来说，它们可以为妇女提供一定的保护作用。

（5）滴虫病生殖器疱疹。生殖器疱疹的症状轻微，可有疱疹、水肿或疼痛。女性好发于阴唇，疱疹常呈簇状成群存在，水疱破溃后疼痛加剧。病程1～2周，可以反复发作。对于单纯疱疹病毒Ⅱ来说，无特异的杀病毒药物，阿者洛韦仅可预防或减少症状的复发，并不能真正治愈这种疾病。

与生殖器疱疹有关的长期危险是宫颈癌的发病率可增加8倍，所以感染后的妇女应半年做一次宫颈涂片细胞学检查。

（6）软下疳。软下疳是杜克雷嗜血杆菌引起的一种急性疾病，能自身接种。它通常侵犯生殖器部位，表现为疼痛性溃疡，时常合并腹股沟淋巴结化脓性病变。它的潜伏期2～4天，好发于阴道口下方的舟状窝和尿道口，溃疡面明显，呈圆形、椭圆形或不定型。溃疡基底粗糙，上覆脓性分泌物。周围炎症显著，有红晕和肿胀，触之异常疼痛。该症状6～8周后可自愈。早期用药治疗可预防横痃（腹股沟淋巴结脓肿）的发生，磺胺药、四环素、红霉素及氯霉素也均有效，但青霉素无效。横痃不宜切开，可反复抽取脓液后注药。

（7）淋病性淋巴肉芽肿。旧称"第四性病"，由血清型沙眼衣原体所致，主要侵犯腹股沟淋巴结及其周围皮肤，淋巴结中的星状脓肿为特征性表现，磺胺、四环素有特效。

（8）滴虫性阴道炎。阴道滴虫是一种单细胞生物，滴虫病可以在男女之间传染，故属于性传播疾病。如确诊须对双方同时进行治疗。滴虫病患者的白带会明显增多，呈泡沫状，白色或黄色，有恶臭。显微镜下检查阴道分泌物，可发现有四条鞭毛的滴虫。对该病口服甲硝唑效果较好。

（9）阴虱。阴虱很小，多寄生于阴毛处，吸食人血为生。寿命约30天，但离开人体仅能存活24小时。其传播途径较多，除性交之外，还可通过被单、毛巾、睡袋等传播。阴部瘙痒是其主要症状。治疗是剃毛，彻底更换衣物并煮沸消毒。

3. 女性染上性病的六大迹象

（1）淋病：白带增多，为黄色或绿色的脓液，往往小便时伴随着疼痛，小便次数增加，而且有憋不住尿的情况。

（2）念珠菌（真菌）性阴道炎：白带增多，为豆腐渣样，白色，结块，量明显增多。常常伴有内、外阴瘙痒，瘙痒往往非常强烈。

（3）滴虫性阴道炎：外阴奇痒，白带增多，可以有泡沫，内裤上还经常有黄色的液体。

（4）早期（一期）梅毒：生殖器表面有溃疡。多表现为大阴唇或小阴唇内侧出现直径1厘米左右的硬结，表面有轻度破溃。女性往往没有任何不舒服的感觉，溃疡会在一个月左右消失。

（5）二期梅毒：身上出现很多红色的斑，颜色比较暗，需要注意看才能发现，而且不痒。

（6）尖锐湿疣：阴道口周围出现小菜花样或锯齿状的生物，碰上去没有痛觉，平时没有任何感觉。

第二篇 青春期教育之策划篇

近年来，青春期教育已成为青少年教育中不可缺失的一环，但目前的青春期教育还没有形成一套较为完整、有效的教学理念及方法。

方案篇以回应当下青春期教育对较为完整、有效的教学方法的迫切需求为己任，将前线社工的探索实践转化为行动方案，进而为社工同人们提供一套开展青春期教育的程序化的操作方法。当然，这些方案并非万能的，社工同人们可结合当地青少年的需要和自身情况，进行调整和修改，以便更有效地帮助青少年学习青春期知识，平稳地渡过青春期。

本篇主要介绍多种形式的活动方案，包括主题小组、主题班会、拍摄大赛、辩论赛等。活动形式多样而各有特色，各自利用不同的环境和方式，让青少年获取不同层次的知识；在不同的空间和情景中理解自身，理解自我与他人的关系，理解"爱与性"背后的责任与意义，理解在复杂的社会环境中"性"安全的重要性，学会如何保护自己、尊重他人，学会承担责任。

第五章　认识生理变化

打开青春期之门，我们从认识、了解自己的身体开始，让青少年在关注和了解自身的基础上，慢慢地走出对青春期生理变化的迷思与困惑，健康、快乐地成长。

本篇活动方案以初中生为主要对象，年龄阶段为 11～16 岁。初中阶段的学生正好进入青春期，开始了童年到成年的过渡期，他们渴望了解自己身体正在经历的变化，但又因知识获取途径的狭窄难辨泛滥信息的真假或受限于个人心理的拘谨，而未能全面了解。本篇正好针对这些问题，设计出小组、主题班会等形式的活动方案，协助青少年建立起认知与理解青春期生理变化的渠道，获取相应知识，树立正确态度。

一 活动主题之一：生理教育
——"性情指南针"小组

（一）男生小组

1. 主题活动概述

（1）活动对象：初中学生，男生 8~12 人/组。

（2）活动时长：60 分钟/节，6 节/组。

（3）场地要求：空旷的活动室（可使用多媒体设备）。

（4）讲解说明青春期知识，引导学生正确认识青春期生理变化，积极面对青春期生理变化及由此带来的对社会性别角色的影响。

2. 主题活动流程

（1）小组整体活动流程。如表 2-1 所示。

表 2-1 小组整体活动流程

节数	主题	目标
第一节 （表 2-2）	青春你我谈	（1）相互认识，建立团队 （2）让组员初步了解活动，激发参与动机 （3）引导组员初步探讨青春期的变化和影响
第二节 （表 2-3）	青春大解密	（1）让组员了解自己的身体变化，走出认识误区 （2）引导组员学会欣赏自己 （3）减少组员的青春期焦虑

续表

节数	主题	目标
第三节 (表2-4)	男生的"大小"	(1) 正确认识男生在青春期中具体的生理变化 (2) 认识生殖器官大小与性能力的关系 (3) 认识生殖器官的一些正常生理现象
第四节 (表2-5)	男生私密语	(1) 正确认识手淫行为 (2) 认识手淫对男生身心健康的影响 (3) 学习自我调适,合理控制手淫
第五节 (表2-6)	冲动不是错	(1) 让组员认识性冲动的定义和表现 (2) 学习应该如何正确地面对性冲动 (3) 引导组员相互分享性心理认识
第六节 (表2-7)	成长与收获	(1) 回顾及总结小组历程 (2) 协助组员巩固收获和成长 (3) 引导组员用正确的态度面对性

（2）主题活动流程分节详述。如表2-2至表2-7所示。

表2-2 第一节：青春你我谈

时长	主题	目标	内容	物资	备注
10分钟 (活动前)	活动准备	(1) 记录出席情况 (2) 与组员初步建立关系	(1) 准备活动物资,摆放桌椅 (2) 让组员在印有人体轮廓的签到表上寻找位置签到 (3) 与组员交流,相互认识	签到表(见附件一)、笔	社工注意引导组员学习小组规范(如签到工作)
10分钟	开场白	让组员了解小组基本情况	(1) 社工自我介绍 (2) 介绍小组基本情况:名称、目标、次数、时间、地点 (3) 说明小组注意事项:准时参加、到活动室签到等		

续表

时长	主题	目标	内容	物资	备注
15分钟	青春大爆破	(1)活跃活动气氛,消除组员之间的拘束感 (2)引导组员之间相互认识,建立关系	(1)活动规则 ① 随着音乐响起,组员依次逐一传递气球 ② 传递时,要求不能抛、扔或隔空传 ③ 当音乐停止时,传球停止,拿着气球的组员需要弄破气球,并回答问题纸的问题 (2)注意事项 ① 弄破气球时只可用手弄 ② 远离他人 ③ 不对着脸部和眼睛 ④ 注意是否个别组员害怕爆破,如是,可以多鼓励或找自愿的组员帮忙	青春期生理问题纸(见附件二)、气球、打气泵	(1)音乐为欢快的曲调,可选择年轻人喜欢的歌手的歌曲 (2)相关问题可根据实际灵活调整,具体知识可参考知识篇之身心变化——生理变化之男生变化部分
10分钟	青春你我谈	引导组员初步了解有关青春期的知识	(1)活动规则 ① 分组:按照"一、二、三"重复报数分成3组,并给各组派发物资(A4白纸、笔) ② 各组用3分钟讨论青春期男生理性特征有哪些,并写下来 ③ 分组比赛:每组轮流说出一个生理性特征,不重复,每说一个得1分,同时,社工及时在大白纸或小黑板上写下特征 (2)游戏后,社工简要小结,为小组后面活动引出话题 ① 男生青春期生理变化的基本知识,如年龄、变化内容、变化表现等 ② 提示每个人成长速度是有差异的,对日常行为会产生影响	A4白纸、笔、大白纸/小黑板	相关知识可查看知识篇之身心变化——生理变化之男生变化部分
15分钟	订立小组契约	形成团队意识,提高凝聚力	(1)社工介绍规则对小组的重要性,引起组员对小组规则及小组的重视 (2)各组领取物资(A4白纸),用2分钟讨论自己对小组的期待,了解小组的约定、规则并写到白纸上 (3)各小组展示、介绍他们对小组的期待、约定、规则 (4)社工整合小组契约,写在大白纸上,并咨询是否有补充意见,社工根据实际情况进行最后补充 (5)同学在小组契约上签名,社工宣布契约签订仪式完成,小组正式成立并颁发小组成员信物	大白纸、A4白纸、圆珠笔、组员信物(如襟章、胸卡、专属记录册等,可在每次小组结束后收回)	参考契约内容见附件三

续表

时长	主题	目标	内容	物资	备注
10分钟	总结分享	（1）增强组员对小组的归属感 （2）了解组员对活动的看法和感受 （3）收集活动反馈意见	（1）社工引导和鼓励组员分享活动感受 ① 在小组活动中印象最深刻的环节 ② 会用什么词语（形容词、名称）来形容活动中的情绪 ③ 在小组中最大的感受 ④ 活动中最欣赏的一个组员 （2）社工总结活动 ① 相互认识 ② 本节活动最重要的成果是共同制订小组契约，小组正式成立 ③ 小组活动将围绕青春期的变化和发展展开，将会遇到不同的"冷知识"，大家可以一起探究一些疑问 （3）组员用1分钟填写反馈表 （4）社工回收反馈表，预告下次活动时间，提示其中环节为解答组员对生理变化的困惑，提醒组员课后可以提前准备问题 （5）社工鼓励组员一起收拾小组物资，小组信物可视情况回收，于下次小组开始时再派发	反馈表、笔	如使用多媒体，可以在PPT中逐一或一次性地列出分享的问题，让组员分享，问题参考见附件四

表2-3　第二节：青春大解密

时长	主题	目标	内容	物资	备注
10分钟（活动前）	活动准备	（1）做好活动准备 （2）记录出席情况	（1）准备活动物资，摆放桌椅 （2）引导组员签到并领取组员信物 （3）了解组员近况	签到表、圆珠笔、组员信物（如胸卡）	
15分钟	Q&A	回顾活动情况，巩固活动成效	（1）社工说出问题，让组员们以抢答的形式回顾前一节活动中的知识点 （2）答对最多的同学为胜出者，可在本节活动结束时领取小奖品 （3）社工贴出契约并再次提醒注意事项，其中可重点提醒保密、相互尊重原则	PPT、多媒体设备	可以在PPT中逐一或一次性地列出问题，让组员回答

续表

时长	主题	目标	内容	物资	备注
15分钟	青春密码	让组员了解自己的身体，走出认识误区	社工通过PPT图片展示及介绍青春期男生生理变化的表现及特点，让组员了解自己的身体	PPT、多媒体设备	相关知识请参考知识篇之身心变化——生理变化之男生变化部分
20分钟	有苦要说出	解答组员对自己生理变化的困惑，减少青春期的烦恼和焦虑	(1)组员用3分钟将自己对身体的困惑或苦恼匿名写在白纸上，交给社工 (2)社工逐一读出组员的困惑并与组员一起讨论，然后社工进行整理及解答	白纸、圆珠笔	相关知识请参考知识篇之身心变化——生理变化之男生变化部分 注意： (1)问题纸必须由社工亲自回收 (2)如有问题是大家(含社工)都不熟悉的，社工可表示问题答案在下次再公布
10分钟	活动分享	(1)了解组员对活动的看法和感受 (2)预告下次活动	(1)社工要鼓励组员分享活动感受 ① 在小组活动中印象最深刻的环节 ② 会用什么词语(形容词、名称)来形容活动中的情绪 ③ 在小组中最大的感受 ④ 活动中最欣赏的一个组员 (2)社工总结活动 ① 认识了青春期的生理变化表现 ② 个体间会有差异 ③ 困扰人人有，关键在于是否愿意面对，是否愿意寻找方法解决，例如和信任的朋友分享，向有权威、较科学的网站/人了解等 (3)组员用1分钟填写反馈表 (4)社工回收反馈表并预告下次活动时间，提示活动将围绕与男生密切相关的话题开展 (5)社工鼓励组员一起收拾小组物资，提醒组员领取奖品	反馈表、笔、奖品	在PPT中逐一或一次性地列出分享的问题，让组员分享

表2-4 第三节：男生的"大小"

时长	主题	目标	内容	物资	备注
10分钟（活动前）	活动准备	（1）做好活动准备 （2）记录出席情况	（1）准备活动物资，摆放桌椅 （2）引导组员签到并领取相关小组物资 （3）了解组员近况	签到表、圆珠笔、组员信物	
10分钟	大风吹	（1）活跃小组气氛 （2）引导组员欣赏自己的身体	（1）游戏规则 ① 抽走一张椅子，使椅子数量始终比组员人数少一个 ② 组员在圈内走动，当社工说"大风吹"时，组员一起问"吹什么"，社工答"吹走××（身体特征）的人"，这时相应特征的组员需在3秒内找到椅子坐下，1人1座 ③ 没有椅子的需说出自己最喜欢身上哪一部位 （2）注意：在争椅子的时候需要注意安全		参考身体特征：穿校服、穿×颜色运动鞋、有头发、有喉结等 社工可说吹不同的风，如微风、台风、麦旋风等
20分钟	大与小	消除组员对阴茎大小的担忧	（1）提问组员有关阴茎的问题 （2）向组员介绍阴茎大小的性知识，让学生明白，阴茎大小并不影响性能力	PPT、多媒体设备、问题纸（见附件五）	
20分钟	大袋小袋	让组员了解阴囊时大时小是一个正常的生理现象	（1）提问组员对阴囊的认识，如作用、保养、大小等问题 （2）通过介绍，让组员了解阴囊时大时小的状况不是病，这是一种正常的生理状况，以消除大家的担忧 （3）介绍睾丸的作用以及如何保养		相关知识请参考知识篇之身心变化——生理变化之男生变化部分

时长	主题	目标	内容	物资	备注
10分钟	活动分享	(1)了解组员对活动的看法和感受 (2)预告下次活动	(1)社工引导和鼓励组员分享活动感受 ① 在小组活动中印象最深刻的环节 ② 会用什么词语（形容词、名称）来形容活动中的情绪 ③ 在小组中最大的感受 ④ 活动中最欣赏的一个组员 (2)社工总结活动 ① 生殖器官（阴茎、睾丸等）是男生青春期中变化突出的部位，容易引起讨论 ② 在喜欢"争"（大小、长短）的时候也要知道，其实外表不代表一切 ③ 要学会友好地对待自己的"亲密朋友" (3)组员用1分钟填写反馈表 (4)社工回收反馈表并预告下次活动时间 (5)社工鼓励组员一起收拾小组物资	反馈表、圆珠笔	

表2-5　第四节：男生私密语

时长	主题	目标	内容	物资	备注
10分钟（活动前）	活动准备	(1)做好活动准备 (2)记录出席情况	(1)准备活动物资，摆放桌椅 (2)引导组员签到并领取相关小组物资 (3)了解组员近况	签到表、圆珠笔	
10分钟	"性"节拍	活跃小组气氛，激发组员参与热情	(1)游戏规则 ① 各个组员围成一个圈，将右手手心向下，左手手心向上，右手放于右边同学的左手之上，两掌相隔约一个拳头的距离； ② 社工读一段话，每当出现"性"字，组员右手向下拍，左手向后闪 ③ 被拍到别人最多和拍到别人最多的同学分别分享一个上节活动的知识点	故事纸	
10分钟	手淫	让组员正确认识手淫	通过PPT介绍手淫相关基本知识:何谓手淫、手淫是否正常、形成手淫习惯的原因等	PPT、多媒体设备	相关知识可参考知识篇之价值观念部分

续表

时长	主题	目标	内容	物资	备注
20分钟	健康与手淫	让组员认识手淫的利弊	(1)组员平均分为两组,就手淫利弊两方进行辩论;在辩论前各派代表猜拳,赢方可先选择主题"利"还是"弊" (2)两组各自讨论观点,并写在白纸上,用时3分钟 (3)各组分别贴出白纸,各自用1分钟时间陈述观点 (4)陈述完毕,各方轮流向对方提出疑问,被提问方进行回答,各组有2分钟答疑时间 (5)根据双方辩论结果,社工总结出手淫的利弊,引导组员正确、全面地看待手淫行为 (6)在了解过度手淫的弊端后,社工让组员讨论合理控制手淫的指南,并写下	大白纸、油性笔	
10分钟	活动分享	(1)了解组员对活动的看法和感受 (2)预告下次活动	(1)社工引导和鼓励组员分享活动感受 ① 在小组活动中印象最深刻的环节 ② 会用什么词语(形容词、名称)来形容活动中的情绪 ③ 在小组中最大的感受 ④ 活动中最欣赏的一个组员 (2)社工总结活动 ① 手淫是一种正常存在的行为 ② 手淫对身体健康、日常社交等有利有弊,需要学会适度控制 (3)组员用1分钟填写反馈表 (4)社工回收反馈表并预告下次活动时间 (5)社工鼓励组员一起收拾小组物资	反馈表、圆珠笔	

表2-6 第五节:冲动不是错

时长	主题	目标	内容	物资	备注
10分钟(活动前)	活动准备	(1)做好活动物资准备 (2)记录出席情况	(1)准备活动物资,摆放桌椅 (2)引导组员签到并领取相关小组物资 (3)了解组员近况	签到表、圆珠笔、组员信物	

081

续表

时长	主题	目标	内容	物资	备注
5分钟	开场白	(1)巩固上节活动成效 (2)让组员了解本次小组活动	(1)邀请组员回顾上节活动情况 (2)介绍本次活动的目标,鼓励组员投入活动		
15分钟	你是否冲动	让组员认识性冲动	(1)社工介绍性冲动的含义 (2)提问组员对性冲动的表现及刺激性冲动的因素是否有一定的了解和认识,然后再具体介绍		相关知识请参考知识篇之价值观念部分
30分钟	善待性冲动	让组员了解如何正确对待性冲动	(1)每位组员用3分钟在白纸上匿名写下调节性冲动的方法 (2)社工收集组员们的方法,与组员分享、讨论,然后整理、汇总出合理可行的处理方法 (3)社工带领组员分享性心理,引导同学明白其实每个人都是一样的,性心理是每个人都不能避免的	白纸、笔	相关知识可参考知识篇之价值观念部分 在组员写方法的时候,可以鼓励组员多设想在不同的环境下如何调节。例如,在上体育课时看见女生因出汗使得衣服显出内衣轮廓,导致心中兴奋起来
10分钟	活动分享	(1)了解组员对活动的看法和感受 (2)预告下次活动	(1)社工引导和鼓励组员分享活动感受 ①在小组活动中印象最深刻的环节 ②会用什么词语(形容词、名称)来形容活动中的情绪 ③在小组中最大的感受 ④活动中最欣赏的一个组员 (2)社工总结活动 ①性冲动不等于错、好色、变态 ②性冲动可以通过调适去控制,要多了解正确的性知识,在日常生活中多参与不同类型的健康活动,如运动、参与社会服务等 (3)组员用1分钟填写反馈表 (4)社工回收反馈表并预告下次活动时间 (5)社工鼓励组员一起收拾小组物资	反馈表、圆珠笔	

表 2-7　第六节：成长与收获

时长	主题	目标	内容	物资	备注
10分钟（活动前）	活动准备	（1）做好活动准备（2）记录出席情况	（1）准备活动物资，摆放桌椅（2）引导组员签到并领取相关小组物资（3）了解组员近况	签到表、圆珠笔、组员信物	
25分钟	回顾	回顾小组过程	（1）通过PPT的展示，让组员回顾小组历程（2）邀请组员逐一分享小组中印象最深刻的事和最深的感受	多媒体设备、PPT	PPT中多展示活动过程照片、工作纸，可在其中加入问题或设计对白，以刺激回忆并增加趣味性
20分钟	成长小测试	了解组员在小组活动中学习到的生理知识	（1）给每位组员派发一份青春期生理知识测试卷（2）组员填写测试卷（3）社工公布答案，并让组员就有疑问的题目进行讨论，然后社工进行解析、答疑	测试卷（见附件七）、笔	
15分钟	活动分享	总结、分享	（1）组员就青春期相关疑惑向社工进一步发问，社工应尽可能地为组员答疑解惑（2）组员将在小组中最大的收获写下，并贴在"成长树"上（3）社工祝福、寄语组员（4）组员填写反馈表	反馈表、圆珠笔、贴纸、成长树（制作）	

3. 相关附件

附件一：签到表

签到表

小组名字：_____　　日期：_____

- 请在本页内的人形公仔①中你喜欢的位置上签上你的班别、姓名、昵称。

---

① 公仔源于20世纪70年代的香港·澳门，是随着动漫产业的发展而出现的一个词语。本书指玩具或毛绒玩具，以下不注。

附件二：青春期生理问题纸内容

（1）你知道青春期时，男生会有哪些身体变化？

（2）你认为青春期的身体发育最重要的是哪个部位？

（3）你知道 1 毫升精液中会有多少条精子吗？

（4）你有过梦遗吗？

（5）你会介意你的阴茎大小吗？

（6）你第一次手淫是在什么时候？

（7）你看女孩子的时候首先会看哪个部位？

（8）你会经常性幻想接触女生吗？

（9）有性冲动时，你会怎样解决？

（10）你会介意女朋友不是处女吗？

（11）谈恋爱的时候，你渴望与女孩子发生性关系吗？

（12）你认为男性对性的需求大还是女性对性的需求大？

（13）你知道几种避孕方法？

（14）性疾病你知道几种？

附件三：参考契约内容

（1）保密，组员在活动中分享的内容不应在小组外谈论，特别是分享人员本人较为敏感、抗拒的内容。

（2）准时，提前签到，准时开始活动，准时结束。

（3）相互尊重，例如，安静地聆听别人说话，别人说完以后再分享自己的看法，不评价别人品格等，不随便拿取别人的物件查看，等等。

（4）遵从社工的安排和指示。

（5）爱惜物件，包括活动场所内的设施、活动中的道具等。

（6）积极发言，分享自己心里所想的。

附件四：参考小组回顾问题

（1）小组活动有什么必须进行的流程？（如签到等，特别是在契约中没有提及的。）

（2）上节小组活动，我们进行了哪些环节？

（3）小组中，你记得多少个新同学的名字？说出越多、得分越多。

（4）小组契约中，有哪些内容？请列举两点或以上。（可多人回答，后可提问"你认为哪点最重要"。）

（5）上节小组中，你最大的感受是什么？（可多人回答。）

附件五：问题纸

（1）判断：只有通过测量阴茎的长短才能判断阴茎是否正常。

答：错。除了受地区、民族等因素的影响外，在疲软状态下，同一个人的阴茎长度也不恒定，因此不宜以阴茎的长短来判断阴茎是否正常。男性的阴茎只要能在勃起时进入女方的阴道完成性生活，就是正常的。

（2）判断：体格越壮、身材越高，阴茎就会越大。

答：错。人的阴茎也像人的身材有高矮胖瘦那样存在着很大的差异，也会长短粗细不一。但是在人体所有器官中，阴茎与整体发育的恒定关系最小，阴茎的大小与身高体重、体质强弱没有直接关系。所以，骨架粗大、肌肉强壮的人，并不一定阴茎也大。相反，骨架细小或偏瘦弱的人，其阴茎也并不一定小。

不论疲软状态下阴茎较大还是较小，一旦阴茎勃起后，大小总是不相上下的。也就是说，疲软时较小的阴茎勃起倍数较大，而疲软时较大的阴茎勃起倍数较小。

（3）一般来说，如何测量阴茎勃起长度？

答：医学上常以阴茎牵拉长度代表勃起长度。所谓阴茎牵拉长度，是指用拇指和食指夹住阴茎头冠状沟处，把阴茎抬平，牵拉阴茎使其充分伸展后，用硬尺稍用力顶住阴茎根部耻骨联合处，量至阴茎头尿道外口的长度。

无论阴茎大小，勃起后的茎长相差不大，一般平均长为13厘米，周径约11厘米，即使长度、周径大于平均数1~2厘米，仍是正常的。

（4）怎样才是阴茎长度短小？

答：有专家提出，在疲软状态下短于5厘米，勃起后不超过8厘米的，可视为阴茎短小。但这与发育异常引起的小阴茎症不能混为一谈。前者属于正常范围内的个体差异，只要勃起正常，再辅以恰当的性知识教育，就完全可以达到正常性生活的要求。所以，对于阴茎确实偏小而性发育正常的男子来说，重要的是不要背思想包袱，要增强自信心。

真正的小阴茎症则是先天性发育异常的结果，通常指阴茎牵拉长度在青春期前短于 2.5 厘米，在青春期后不足 5 厘米，而且伴随发育不正常、无勃起功能、第二性征发育不良、性功能障碍、无生育力、无精子产生等状况。对小阴茎症患者来说，在青春期前进行药物治疗可望有一定的改善，而到了成年期，药物治疗已不起作用，只能借助某些临时性替代方法以帮助阴茎获得一定程度的性交能力。

（5）阴茎大点还是小点，性能力会较强？

答：这种看法其实并不准确。性能力的强弱并不在于阴茎的大小。男人的性能力主要受雄性激素的影响，同时也需要有健全的性心理、正常的神经反射、完善的血液循环系统及足够的性知识和性技巧。

女性的阴道是一个富有弹性的肌性器官，其伸缩能力很强，能适应大小不同的阴茎。阴道的感觉神经末梢主要分布在外 1/3 部分，而且该部分在性兴奋过程中还会充血和收缩，对插入阴道内的阴茎起到"紧箍"作用，这对于双方的性刺激都十分重要。而阴道内 2/3 部分，在性反应中充分扩张，而且几乎没有感觉神经末梢分布。可见，较长的阴茎并不会比较短的阴茎产生更多的刺激。

（6）睾丸有什么作用？

答：睾丸有两大功能：一是产生精子；二是分泌雄性激素。睾丸只要两大功能正常，大小在正常范围内，那就是正常的。注入正常剂量的雄激素，并不会增大睾丸的体积，仅会增加血液中的浓度，影响男性的第二性征发育。若在体内注入过大剂量的雄激素，还会通过脑下垂体前叶，抑制睾丸曲精细管产生精子的作用，使精子的数量减少。

附件六：男性性教育小组问卷

(1) 一个发育成熟的男人阴茎在勃起的时候少于多少厘米称为阴茎短小？

  A. 8   B. 9   C. 10   D. 11

(2) 晚上阴茎勃起是一件正常的事情吗？

  A. 是   B. 不是

(3) 阴道的感觉神经末梢主要分布在外_____部分。

  A. 1/3   B. 2/3   C. 1/4   D. 1/5

(4) 睾丸的大小有差异是否正常？

  A. 是   B. 否

(5) 一个月多少次手淫在正常范围内？

  A. 2～3   B. 5～8   C. 10～13   D. 15～18

(6) 以下哪个不是手淫过度的后果？

  A. 阴囊疼痛   B. 影响以后正常性生活

  C. 精液越来越多   D. 情绪变得不稳定

(7) 同性恋与异性恋在一般情况下，哪种更容易引发性疾病？

  A. 同性恋   B. 异性恋

(8) 为什么肛交会比普通性交更容易引发性病？

  A. 肛门较为干燥且细菌多，容易磨损

  B. 肛门位置较后

(9) 性冲动是否正常？

  A. 是   B. 否

(10) 女性会有性冲动吗？

  A. 会   B. 不会

(11) 下列哪种行为不能避免性冲动？

  A. 与异性正常交往   B. 避免性挑逗

  C. 避免穿紧身的内衣   D. 多看色情影片

（12）男性避孕与女性避孕的哪一方对自己的伤害较大？

　　　A. 男性　　　　　　　　B. 女性

（13）喜欢和爱是否有区别？

　　　A. 是　　　　　　　　　B. 否

（14）喜欢与爱哪一方面要承担的责任比较多？

　　　A. 喜欢　　　　　　　　B. 爱

（15）何谓爱？

　　　答：_____

　　　_____

　　　_____

参考答案

（1）A。答案详解见附件二。

（2）A。正常男子在睡眠过程中都会出现阴茎勃起，勃起的次数因体质与年龄而异。强壮的青年 1～1.5 次，每次约 20 分钟，即每夜 6～7 次之多；中年时期每夜勃起 3～4 次，即使到了 65 岁的健康男子，每夜仍有 2～3 次。所以，勃起是一种生理现象。

（3）A。女性阴道的感觉神经末梢主要散布在外 1/3 部分。

（4）A。答案详解见附件二。

（5）A。

（6）D。手淫过度容易引发男性生殖系统感染，导致慢性前列腺炎、尿道炎、睾丸炎、遗精频繁等疾病，还可能导致早泄、阳痿、不射精等性功能障碍，以致影响日后的生育。因此，手淫一定要有节制。一个月手淫 2～3 次即可。

（7）A。这里主要是指男同性恋比较容易感染性疾病。这是由男同之间特殊的性交方式——肛交造成的，而肛交是男同性恋者主要的一种性行为方式。肛门内的直肠细胞是很薄的一层，肛交摩擦很容易造成破裂。而艾滋病主要靠血液和体液传播，所以这种性交方式是高风险的性行为方式。另外，男同性恋多是多性伴侣，并且更换频繁，这就加大了性疾病尤其是艾滋病传播的风险。

（8）A。上题的解释已回答了该问题。

（9）A。答案详解见知识篇之价值观念部分的常见问题小贴士"为什么会出现性冲动"。

（10）A。

（11）D。答案详解见知识篇之价值观念部分的常见问题小贴士"为什么会出现性冲动"。

（12）B。一般来说，女性避孕伤害比较大。

(13) A。

(14) B。

(15) 答案因人而异。

（二）女生小组

1. 主题活动概述

（1）活动对象：初中学生，女生，8～12人/组。（适合有青春期困扰的学生。）

（2）活动时长：60分钟/节，共6节/组。

（3）场地要求：空旷的活动室（可使用多媒体设备）。

（4）活动目的：通过小组的活动，协助组员认识青春期的性生理、心理变化，建立良好的性观念和负责任的性态度，建立正确的性价值观。

2. 主题活动流程

（1）小组整体活动流程。如表2-8所示。

表2-8 小组整体活动流程

节数	主题	目标
第一节 （表2-9）	青春启航	(1)建立团队，初步建立相互信任的关系，激发组员参与积极性 (2)介绍小组基本情况，了解组员对小组的态度和期待
第二节 （表2-10）	身体72变	(1)让组员认识青春期的生理变化 (2)减少青春期因生理变化产生的困惑和焦虑
第三节 （表2-11）	"月"健康越美丽	(1)协助组员学习月经基本知识 (2)了解相关健康知识，学会保持自己的身体健康
第四节 （表2-12）	我的身体我做主	(1)学会应对青春期可能面临的危险情境 (2)让组员明白学习青春期生理知识的重要性
第五节 （表2-13）	健康卫士 我最棒	(1)协助青少年认识性安全 (2)加深青少年对性病的认识，学会如何保护自己
第六节 （表2-14）	成长蜕变	(1)巩固活动成效，总结成长与收获 (2)引导组员在活动后更多地相互分享和给予支持

（2）主题活动流程分节详述。如表2-9至表2-14所示。

表2-9　第一节：青春启航

时间	主题	目标	内容	物资	备注
10分钟（活动前）	活动准备	(1)做好活动准备 (2)记录出席情况	(1)准备活动物资，摆放桌椅 (2)引导组员签到 (3)与组员相互认识，初步建立关系	签到表、圆珠笔、桌椅	
10分钟	开场白	让组员了解小组基本情况	(1)社工自我介绍 (2)介绍小组基本情况：名称、目标、次数、时间、地点 (3)说明小组注意事项：准时参加、来后先签到等		
15分钟	招牌动作	让组员之间相互认识，建立关系	(1)组员利用2分钟时间设计1个最能代表自己个性的"招牌动作"并想好自我介绍措辞 (2)做游戏"大风吹"。游戏规则：围圈摆置比组员人数少1个的椅子。当社工说"大风吹"时，组员一起问"吹什么"，社工答"吹走××(特征)的人"，这时相应特征的组员需马上找到椅子坐下，没有椅子的需做自我介绍并摆出自己的"招牌动作"。如有重复者需采访一位没介绍过的组员，了解其姓名等基本信息		如果组员间彼此较陌生，建议更侧重团队建立环节，热身时间应更长
15分钟	成员讨论小组期望	了解小组成员的期望，增强小组归属感	(1)将就近坐在一起的组员平均分成3组 (2)各组讨论对小组活动的期望及疑惑并写下 (3)各组展示讨论结果 (4)社工汇总、整理组员期望，澄清疑惑，引导组员积极投入活动	白纸、笔	

续表

时间	主题	目标	内容	物资	备注
15分钟	订立小组契约	建立小组团队，订立活动规则	(1) 社工借助课题规则或校园规则等话题，引导各组思考、讨论小组规则并写下来 (2) 各组展示讨论结果 (3) 社工汇总整理小组规则，并将其写在卡纸上（可由组员协助社工写） (4) 全体组员在小组契约上签名	白纸、卡纸、油性笔、彩色笔、透明胶、剪刀	小组规则卡纸需事先写好标题并进行适当的设计装饰
10分钟	活动分享	(1) 了解组员对活动的看法和感受 (2) 预告下次活动	(1) 社工总结活动 (2) 社工引导组员分享活动感受 (3) 组员填写反馈表 (4) 预告下次活动时间并再次提醒注意事项	反馈表、圆珠笔	

表 2-10　第二节：身体 72 变

时间	主题	目标	内容	物资	备注
10分钟（活动前）	活动准备	(1) 做好活动准备 (2) 记录出席情况	(1) 准备活动物资，摆放桌椅 (2) 引导组员签到 (3) 与组员交流，巩固彼此关系	签到表、圆珠笔	
10分钟	回顾	巩固上节活动成效	(1) 社工带领组员简单回顾第一节活动情况 (2) 邀请组员回忆小组契约，鼓励组员投入本次活动		
15分钟	青春欢乐拍	(1) 活跃小组，消除尴尬气氛，让组员更自然地投入活动 (2) 引导组员初步探讨女生青春期生理变化话题	游戏规则 (1) 组员从 1 起按顺序依次数数，每当数到"3""3 的倍数""以 3 结尾的数"时，以拍一下手掌代替数数，不需出声，忘记拍或在其他数字时拍掌均属违规 (2) 违规者需说出一个青春期中女生与男生不同的身体特征 (3) 社工将女生生理特点圈写在工作纸上	女生公仔、工作纸、油性笔	相关知识请参考知识篇之身心变化——生理变化之女生变化部分

续表

时间	主题	目标	内容	物资	备注
25分钟	身体72变	让组员认识自身青春期生理变化情况，减少青春期困惑	社工通过PPT介绍女生青春期生理变化，引导组员明白自己的身体特点，了解哪些是正常变化	PPT、多媒体设备	相关知识请参照知识篇之身心变化——生理变化之女生变化部分
10分钟	活动分享	(1)了解组员对活动的看法和感受 (2)预告下次活动	(1)社工引导组员分享活动感受 ①本次活动收获的新知识及印象最深刻的知识点是什么 ②本次活动感受是什么 (2)社工总结活动 (3)组员填写反馈表 (4)预告下次活动时间	反馈表、圆珠笔	

表2-11 第三节："月"健康越美丽

时间	主题	目标	内容	物资	备注
10分钟（活动前）	活动准备	(1)做好活动准备 (2)记录出席情况	(1)准备活动物资，摆放桌椅 (2)引导组员签到	签到表、圆珠笔	
20分钟	"大姨妈"来了	让组员了解月经基本知识	(1)通过PPT展示，详细介绍月经的基本知识，包括产生月经的原因、月经到来时的基本情况等 (2)引导组员明白月经并不是"倒霉事"，而是一种正常、有益的生理现象，需要积极面对	PPT、多媒体设备	相关知识请参考知识篇之身心变化——生理变化之女生变化部分
30分钟	善待"大姨妈"	让组员了解月经期间的健康知识，学会保护自己的身体	(1)分组：将组员随机分成3组 (2)各组讨论月经期间需要注意的卫生及健康事项，如在饮食、运动等方面需要注意的问题，并写下来 (3)分组比赛：各组轮流说出注意事项，每说一个得10分，胜出组获得"健康天使"称号 (4)社工介绍并总结月经期间的卫生注意事项及健康注意事项，提醒组员平时要注意保护自己	白纸、圆珠笔、油性笔	相关知识请参考知识篇之身心变化——生理变化之女生变化部分

续表

时间	主题	目标	内容	物资	备注
10分钟	活动分享	(1)了解组员对活动的看法和感受 (2)预告下次活动	(1)社工引导组员分享活动感受 (2)社工总结活动 (3)组员填写反馈表 (4)预告下次活动时间	反馈表、圆珠笔	

表2-12 第四节：我的身体我做主

时间	主题	目标	内容	物资	备注
10分钟（活动前）	活动准备	(1)做好活动准备 (2)记录出席情况	(1)准备活动物资，摆放桌椅 (2)引导组员签到	签到表、圆珠笔	
10分钟	击鼓传花	回顾上节活动内容，巩固活动成效	游戏规则 ①随着音乐响起，组员依次传递公仔 ②传递时不能抛、不能扔、不能隔空传 ③音乐停时停止传递，拿到公仔者需说出前面活动中的内容收获或感受	公仔、音乐	
20分钟	健康小博士	帮助组员了解青春期生理变化中的常见现象，解除困扰	(1)将组员平均分成两组 (2)各组轮流从纸箱中抽取3张写有青春期困惑的纸条，并在组内进行讨论解答，将答案写在白纸上 (3)各组展示问题与答案 (4)社工评析组员的解答，协助解答常见生理变化引起的困扰	纸箱、纸条、白纸、笔	
20分钟	"心思思"匿名问题信箱	帮助组员解答由于青春期生理、心理方面的转变而带来的疑惑	(1)给每一个组员分发一张用于匿名提问的小纸片，并让组员匿名在纸片上就青春期生理、心理等方面的困惑或烦恼进行提问 (2)组员将纸片放进小信箱 (3)社工抽出问题与同学讨论，逐一回答	纸片、笔、小信箱	
10分钟	活动分享	(1)了解组员对活动的看法和感受 (2)预告下次活动	(1)社工引导组员分享活动感受 (2)社工总结活动 (3)组员填写反馈表 (4)预告下次活动时间	反馈表、圆珠笔	

表2-13 第五节：健康卫士我最棒

时间	主题	目标	内容	物资	备注
10分钟（活动前）	活动准备	（1）做好活动准备 （2）记录出席情况	（1）准备活动物资，摆放桌椅 （2）引导组员签到	签到表、圆珠笔	
5分钟	开场白	回顾上一节内容，开启本节内容	（1）社工简单回顾并总结上节内容 （2）介绍本节活动主题，鼓励组员投入活动		
20分钟	"战痘士"	让组员了解青春痘/暗疮产生原因及应对方法，减少困扰	（1）社工引导学生讨论暗疮形成的原因、对暗疮的体会和看法，将看法写在白纸上 （2）社工解析暗疮形成的原因：青少年的荷尔蒙分泌旺盛，增加皮脂腺分泌；过多油脂堵塞毛孔，加上细菌感染，便会形成暗疮 （3）组员讨论应对暗疮的方法并进行记录 （4）社工评析组员的方法并进行修正及补充，倡导组员积极面对、正确处理。供参考的应对方法有：①应保持皮肤清爽，勤洗脸；②切勿挤压暗疮，减少因细菌进入毛囊而导致发炎甚至留有疤痕；③多喝水、多吃蔬菜、少吃油炸和辛辣的食物。如果情况严重，就需要看医生		
15分钟	呵护乳房	让组员了解乳房发育期间的健康知识及注意事项	（1）将组员分成两组，分别抽取情景卡，并进行扮演排练 （2）各组进行情景扮演 （3）社工带领组员针对剧中情景进行讨论分析 （4）社工总结保护乳房的知识要点，引导组员学会呵护乳房，保护身体健康	情景卡（见附件）	
10分钟	活动分享	（1）了解组员对活动的看法和感受 （2）预告下次活动	（1）社工引导组员分享活动感受 （2）社工总结活动 （3）组员填写反馈表 （4）预告下次也是最后一次活动	反馈表、圆珠笔	

表 2-14　第六节：成长蜕变

时间	主题	目标	内容	物资	备注
10分钟（活动前）	活动准备	(1) 做好活动准备 (2) 记录出席情况	(1) 准备活动物资，摆放桌椅 (2) 引导组员签到	签到表、圆珠笔	
5分钟	开场白	介绍最后一节活动的主题，鼓励组员投入活动	社工简单介绍本节活动主题，告知组员这是最后一节活动，鼓励组员积极投入		
35分钟	学习内容大事回顾	帮助组员回顾小组历程，整理、巩固所学知识，加深印象	(1) 通过PPT回顾小组历程及每节主要内容 (2) 组员通过回答问题，回忆小组所学知识 (3) 社工将小组内的主要内容及主要知识点按时间顺序写在"大事回顾表"上	白纸、圆珠笔、油性笔	
10分钟	寄语	(1) 与组员一起分享学习收获 (2) 为将来的学习开启窗口	(1) 给每位组员派发心意卡 (2) 组员将自己在小组中最大的收获或最深的感受写下 (3) 写好后将心意卡贴在"青春成长树"上	心意卡、圆珠笔、"青春成长树"	"青春成长树"需卡纸制作
10分钟	活动分享	(1) 总结、分享小组活动 (2) 组员合影留念	(1) 组员分享活动感受 (2) 社工总结活动，祝福并寄语组员 (3) 组员填写反馈表 (4) 全体成员合影留念	反馈表、圆珠笔、相机	

3. 预计困难及解决方法

预计困难及解决方法如表 2–15 所示。

表 2–15　预计困难及解决方法

预计困难	解决方法
(1) 小组开展的环境与场地问题	由于小组的主题有一定的特殊性,考虑到小组成员隐私的保密性,社工要选好小组活动的地点与环境,尽量避免可能被其他学生接触到的地方。在社工室不允许的状况下,小组活动可借用其他场地开展
(2) 小组成员过分活跃导致场面较难控制	约定特定的手势代表安静,尽量用自己的行动去感染他们,或者安排特定的活动来改变状况
(3) 小组成员面对敏感问题,出现气氛过于沉闷的状况	适当的沉默是必然的。社工要以身作则,表现自然淡定,鼓励并引导组员积极、勇敢地表达意见
(4) 组员间出现严重的冲突现象(如观念不同)	约定安静手势,社工以一个中介协调者的角色发表意见,首先肯定有冲突就代表有讨论的价值,再引导冲突的双方找出冲突原因
(5) 小组的时间可能会和组员的学校活动有冲突	一般情况先考虑组员的学校活动,小组的时间可以通过商量协调
(6) 小组成员中途退出	寻找成员退出的原因,重新考虑小组活动设计的灵活性
(7) 组员问及一些社工难以回答的问题	如为知识性问题,社工可了解组员感兴趣的地方、原因及理解,并让组员课后也先了解,下次公布参考答案;同时,社工在课后也需要查阅相关知识 如为非知识性问题,社工可了解组员自己的理解以及其他组员的看法

4. 相关附件：情景卡

（1）情景卡一：小丽从初一起明显感觉到自己的乳房开始变大，在同龄女孩中显得比较突出，有时会遭到大家异样的眼光和有意、无意的嘲笑，她很难过，于是悄悄地束胸，想要把它压平了。

（2）情景卡二：阿芳平时做作业时习惯把胸脯靠在桌沿边。自从初中后，妈妈就经常提醒她不要这样子，说会对身体不好，但是她没有觉得有什么问题。

第五章　认识生理变化

编者手记

青春期，男女有别

　　开展以生理知识为主题的小组活动，可以考虑将男生和女生分开来进行。在面对性的话题特别是与身体相关的话题时，男生常常表现得十分兴奋，而女生则容易害羞，在大众中更乐意讨论关于人际交往方面的话题。恰恰因为这种差异，在开展活动的过程中，常常会出现种种或尴尬、或引起争论的场面，如男生故意用大胆的生理知识、名词在公开场合挑逗女生，或女生因碍于启齿不敢去主动了解生理方面的知识，而忽略了成长阶段中可能遇到的问题，对于如何认识男女生在日常交往中的身体接触、如何把握其中的度等缺乏必要的了解。

　　在男生小组中，发育较快或比较活跃好动的男生常常容易因为一些与性相关的词语而兴奋，讨论问题时思维发散。例如，他们会用具体（较写实的）或含寓意（如飞机）的方式画出生殖器官。这时，社工需要根据程序适当控制进程。如果组员的表现已经超出了活动目的和程序，社工可以通过集中围绕活动话题提问，以引回主题；同时，社工也需要提醒组员当下讨论的话题，其他的话题可于课后讨论。另外，需要特别注意的是小组内一些个子较小的组员，他们常常容易成为一些长得高大的男生的玩笑对象。如果出现取笑组员的现象，一方面，社工可以通过不同的例子让组员明白每个人的发育进度不同，当下的状态不等于以后的状态，而且个体的外形并不代表能力，进而引导组员学会理解和尊重；另一方面，社工可以引导组员脱离比较的话题进行讨论，淡化组员因对比而产生的过度关注。

　　在女生小组中，关键是要营造一种安全、舒适的氛围，让组员明白在小组中可以认真地探讨与自己切身相关的话题。例如，可以通过亲密的距离、舒适的坐姿、操作由简单到复杂的游戏、话题由浅入深等方式去促进组员的参与。在活动中，有时女生会感到"恶心"或感到"害羞"，而不敢看图、视频等，这时社工更应用平静的心态对待，并要传递两个信息。第一，之所以会感到不好意思，是因为我们也理解性的讨论是有范围、对象限定的，传统中我们容易感到讨论性是一种不好的行为，好像不尊重别人。但实际上，我们通过恰当的语气去讨论性、用健康的态度去探讨性的知识是一种健康的状态，例如，我们与友好的女性朋友讨论时就可以大胆地讨论各种话题，使用很生活化的与性相关的名词，甚至可提出自己感到可能不太妥当的想法加以求证。另外，在日常与不太熟悉的人或者异性交流时，并不代表不可讨论性，我们更多地可以从了解信息的角度去讨论，如通过分享网上对于女性来例假时的痛苦的趣味性形容，来增强彼此对这方面的了解。第二，性，并不可怕，反而更需要我们关注。如果不关注，我们就可能会疏忽一些不正常现象，或对正常现象产生误解；而关注，并不代表要无条件、无限制地到处分享、说明，更多的是让我们能够掌握自己的身体。

二 活动主题之二：生理教育

——"青春大魔术"主题班会

1. 主题活动概述

（1）活动对象：初中学生（以班为单位）。

（2）活动时长：50 分钟/节，共 1 节。

（3）场地要求：教室（可使用多媒体设备）。

(4) 活动目的：讲解青春期知识，引导学生以积极的态度面对青春期的生理变化。

(5) 活动目标：让学生了解的自己青春期生理变化；引导学生积极面对、正确应对自身生理变化及其带来的困扰；协助学生正确面对异性的生理变化，减少人际交往中的困扰。

2. 整体活动流程

"青春大魔术"主题班会活动流程如表 2-16 所示。

表 2-16　"青春大魔术"主题班会活动流程

时长	主题	目标	内容	物资	备注
5 分钟	开场白	让学生做好活动准备	(1) 自我介绍 (2) 通过简单提问，与组员互动，引出活动主题，鼓励学生投入参与	提问参考（见附件一）	
15 分钟	青春大魔术	让学生对自己的身体部位进行全面认识	(1) 游戏规则 ① 学生以前后位为单位，4~6 人一组 ② 给各组派发 10 张魔法卡，且小组在 3 分钟内讨论出青春期会发生变化的部位，并在一张魔法卡上写上一个部位，其中要求写出："仅女生拥有的部位""仅男生拥有的部位""男女生都拥有的部位" ③ 社工在黑板上从上到下写下身体分段，如"颈部以上""颈部至腰""腰至脚趾"等，并让学生在 2 分钟内把答案卡贴到对应的位置上 ④ 观察黑板上的结果，共同讨论哪些贴错，哪些需要补充，并可提问某些部位的变化内容是什么 (2) 社工小结 ① 青春期的身体变化是全面的，而男女生在此期间开始形成各具特色的形态 ② 每个人变化的情况不一样	魔法卡（约 1/3 A4 大小的卡纸，一组内可用同一种颜色的纸）、油性笔	社工在给予组员机会时，除了遵循"快"这个原则外，还可以要求学生遵守"安静"等原则，同时每组皆要给予回答问题的机会

续表

时长	主题	目标	内容	物资	备注
20分钟	魔法大揭秘	(1)澄清生理知识误区 (2)引导学生认识生理变化对生活的影响及应对方法	(1)社工朗读以生理知识困惑为内容的"青春密语"信件 (2)小组讨论对信件内容的认识与看法,并写在工作纸上 (3)邀请小组轮流分享看法 (4)社工结合学生的分享,引导学生正确认识与应对生理变化及其带来的影响 ① 青春期开始后,身体开始出现明显变化,这是每个人生长发育的必经过程 ② 不同人受遗传及营养等因素影响,发育有迟早快慢的区别,对此不必感到自卑、害怕或不安 ③ 当遇到困惑或忧虑时,要大胆向朋友或师长等值得信赖的人、可提供科学信息的人表达,可采用匿名书信形式 ④ 表达友好的方法有很多 ⑤ 同学之间需要相互尊重	青春密语信件(见附件二,可选其中之一)、讨论工作纸(见附件三)	
5分钟	分享与总结	引导学生正确面对生理变化	(1)社工总结青春期生理变化特点 (2)学生分享班会感受,社工引导学生用积极的态度面对变化 (3)学生填写反馈表	反馈表	

3. 相关附件

附件一：提问参考题

1. 选择题

(1) 男生的青春期一般比女生青春期：

　　A. 早 2 年　　B. 早 3 年

　　C. 迟 2 年　　D. 迟 3 年

(2) 青春期的女生，脂肪会从 8% 增加到多少？

　　A. 15%　　B. 24%

　　C. 30%　　D. 35%

(3) 精子接触空气多久才死亡？

　　A. 数小时　　B. 数分钟

　　C. 一日　　D. 一星期

(4) 性知识的范畴包括了什么？（可多选）

　　A. 生命的起源、生殖系统、青春期的转变与适应

　　B. 男女之别、两性相处

　　C. 性别行为的考虑、避孕方法

　　D. 恋爱、婚姻、家庭关系

(5) 学习性知识，应会：（可多选）

　　A. 认识自己的身心发展，了解什么是正常的状态

　　B. 容易变坏、变色

　　C. 可以更自由地与异性亲密接触

　　D. 学会保护自己，尊重和保护他人

2. 判断题

(1) 每毫升精液有 1 亿条精子。

(2) 一般情况下，男孩更容易长出青春痘。

（3）每个人都有青春期。

（4）现阶段不应学习性知识。

（5）急速长高是从腿开始的，然后才是上半身。

（6）有性幻想就是不道德的。

（7）男生和女生都会想性的事情。

（8）18岁以上才能有性行为。

答案：

1. 选择题

（1）A；（2）B；（3）A；（4）ABCD；（5）AD。

2. 判断题

（1）是的。　（2）是的。

（3）是的。青春期是指生殖器官发育成熟、以第二性征发育为标志的初次有繁殖能力的时期，这是由儿童逐渐发育成为成年人的过渡时期。一般来说，女孩子的青春期比男孩子早，从 10～12 岁开始，而男孩子则从 12～14 岁才开始。不过，由于个体差异很大，所以，通常把 10～20 岁这段时间统称为青春期。

（4）不是。在任何时期均需要学习性知识：性知识的范畴很广，包括生命的起源、男女之别、生殖系统、青春期的转变与适应、两性相处、恋爱、性别行为的考虑、避孕方法、婚姻、家庭关系等。

（5）是的。

（6）不是。各个年龄阶段的人都会有性冲动的。

（7）是的。不管是男孩子还是女孩子，到了青春期后都会有不同程度和方式的性幻想。在青春发育期，我们常会对一些根本不认识自己的偶像产生倾慕和种种幻想，每天望着偶像的海报编织美梦，这种性幻想对于我们有时还有帮助。不过，幻想宜适度，尤其对于处在花季的少男少女们来说，若只是一味幻想，特别是沉湎于性幻想中，则会延误学业，误入歧途，乃至走上性犯罪道路或产生性心理障碍。

（8）其实除了法律的有关规定，我们并没有一个统一的答案告诉大家，是不是只有年满 18 岁才可以有性行为。这个答案是因人而异的。能不能发生性行为，关键并不在于年龄，而在于你是否准备好了。你们双方是否已经决定将关系发展到最后的这步，并且准备好一些措施比如避孕来预防可能的危险？男女双方是否准备好承担责任和其他的后果？

附件二："青春密语"信件

- TAKE 1：讨厌的发育！

我是一名初一的女生,我最近感觉烦得快死了。我一直在犹豫要不要给你写这封信,因为我感觉开不了口。最后我还是决定告诉你,因为你是我唯一能告诉的人了,对着身边其他的人,我就更没办法诉说我的烦恼了。

从初一开始,我就感觉我的身体都不是我的了,我觉得自己变得好陌生。

显而易见的是,我的脸上长了好多痘痘,变得很丑,我已经不敢见人了,和别人说话的时候我都不得不低着头了。虽然我知道即使这样,别人还是会很清晰地看到我脸上的痘痘。

其实真正无法启齿的是,我的乳房已经开始长大了,但我觉得特别不自在,总想穿宽大一点的衣服挡住。班上那些坏男生也不知笑话我们女生多少次了。最烦的是,我感觉是一边大、一边小的。怎么会这样呢?是不是一边有病变了呢?我有时候想想就会哭,甚至有时觉得自己说不定什么时候就死了。我很想问问妈妈,但是我又不好意思和妈妈说这些。其他同学看起来都那么正常,为什么就只有我是这样了呢?

我该怎么办呢?

问题:

假如你是信封中的主人公,面对她的种种烦恼,你会怎么想?怎么做?

(1) 脸上长了痘痘,影响了容貌?

(2) 身体开始发育,如女生乳房隆起、男生阴茎变粗?

(3) 担心自己不正常或生病了?

(4) 因为身体变化原因而受到别人嘲笑?

- TAKE 2：我不友好吗？

大龙身材比较高大健硕、性格外向，喜欢用别人的身体特征开玩笑，如一些矮小的男生、肥胖的女生等。同时，他还喜欢和女生一起玩，有时会有搭肩膀之类的亲密动作，但这些举动经常引起同学的反感，甚至遭到同学的反抗。他疑惑："这些都是我表达友好的方法啊！和大家亲密相处，不是很好吗？"

- 问题：

你对大龙有什么看法？如果你是其中的主角或他的朋友，你会怎么办？

附件三：讨论工作纸

TAKE 1：讨厌的发育！

"青春密语"信件之我有我看法

假如你是信封中的主人公，面对她的种种烦恼，你会怎么想？怎么做？

（1）脸上长了痘痘，影响了容貌。

（2）身体开始发育，如女生乳房隆起、男生阴茎变粗。

（3）担心自己不正常或生病了。

（4）因为身体变化原因而受到别人嘲笑。

TAKE 2：我不友好吗？

"青春密语"信件之我有我看法

你对大龙有什么看法？如果你是其中的主角或他的朋友，你会怎么办？

（1）如果你是被取笑、搭肩膀等行为的对象，你会有什么感受？

（2）难道真的不能拿别人的"缺点"来开玩笑吗？

（3）怎样表达友好？

编者手记

生理知识，重在"理"

当今的中学校园，对于青春期、性知识等都有比以往更宽容的态度，因此，有越来越多的老师会在生物课上讲解青春期的生理知识，学校也会邀请专家开展青春期方面的讲座。但在不同的地区、学校，老师、专家进行的青春期教育程度各有差异。在校园里，学校也越来越多地邀请社工去为学生开展青春期的讲座或者班会。在受邀时，笔者认为，社工需要掌握并能清晰地向学校、老师等说明此主题活动的意义：并不单纯为了让学生学习知识，学会填写生物填空题，更重要的是要让学生能结合成长、日常生活中的实际情况进行知识梳理，如哪些变化会带来超越生物进化的意义（如第二性征的出现也意味着生殖能力的出现），回应学生因生理变化带来的困扰，如哪些变化属于正常的现象，哪些行为会困扰别人的生活。

在具体操作上，生理变化是青春期教育的基础内容。在开展活动前，社工最好列出将要讲解的生理知识框架及基本内容、范围及程度，提前与老师特别是班主任及生物老师沟通，了解学生是否曾经在课程、其他讲座上接触到相关的青春期生理知识，以避免在活动中重复过多的内容。同时，社工应提前与班级的学生交流，了解学生们对青春期知识的掌握程度、基本态度及主要困惑等，从而可以根据实际情况调整活动。例如，有的学校在基础的生理知识方面讲解较多，学生知识面较广、思想较开放，那么，主题活动则可重点放在点出一些生理变化的正常现象，并可通过一些趣味的知识提问来激发学生兴趣，利用果壳网的"精子是怎么死的"等资讯，并且引导学生尊重、理解人与人之间的差异性，从而减少人际交往中可能因生长发育不同而带来的困扰。

在活动带领上，特别值得注意的是：不同地区、不同程度的学生对于该主题的敏感度会有所区别，社工需要结合学生的反应来调整自己的言辞或带领技巧。例如，在活动中，问题涉及的私密度应由浅入深，可以先从较具普遍性的问题问起（如初中后长高5厘米或以上的举手）。提问的方法可尽量轻松一点，如从判断、选择等不用直接说出内容的方式开始，然后逐步鼓励学生表达。另外，在"生理变化"主题的活动中，一些学生会故意提出容易让同学感到敏感、尴尬的语句，以引起同学热议并挑战社工的带领、回应能力。例如，有学生会故意说"撸""打飞机"等，在这时，社工首先应让学生安静下来，控制整体的气氛，同时可邀请同学解释所说词语的学术名称、发生变化的年龄等，然后社工可从学术名称出发解释说明，同时也可引导学生明白在青春期中，这方面的信息容易引起学生关注，从而化解学生的挑战，并避免一些学生产生尴尬、逃避的感觉。

在活动结束后，社工需跟进学生反映的情况，例如，可通过与学生及老师的交流，了解学生是否会将活动中提及的生理变化相互取笑。此外，有条件的社工（如驻校社工或教师）可为有个别需要的学生提供进一步的服务，如提供一些隐秘的场合和方式，以便于有需要的学生倾诉或求助。

第六章　提升人际交往

进入青春期的青少年，在人际交往方面常常容易有一些困扰和迷茫，需要给予及时的引导。本章的方案部分旨在协助青少年们顺利地进行人际交往，促使他们在同伴交往中获得安全感，在与同伴的交往中成长。

中国人口宣传教育中心发布的《青少年健康人格工程 2010 年调研报告》中指出，青少年人际交往问题突出，表现为不懂如何与人交往，不懂处理人际关系冲突等多方面的问题。本篇以小组、DV 拍摄大赛的形式开展校园青春期教育，针对青少年人际交往方面的突出需要，在活动中帮助他们学会更好地与他人相处及处理人际关系。

一　活动主题之一：人际交往教育
　　——"友型心法则"小组

1. 主题活动概述

（1）活动对象：初中学生。

第六章 提升人际交往

（2）活动时长：60分钟/节，共6节。

（3）场地要求：空旷的活动室（可使用多媒体设备）。

（4）活动目的：引导组员形成合理的人际交往态度，帮助组员面对和处理人际交往方面的困扰，引导组员树立理解个性差异、尊重他人的观念与意识。

2. 主题活动流程

（1）小组整体活动流程。如表 2-17 所示。

表 2-17 "友型心法则"小组整体活动流程

节数	主题	目标
第一节 （表 2-18）	有个约会	（1）建立团队，初步建立相互信任关系，激发组员参与热情 （2）介绍小组基本情况，引导组员初步思考人际交往问题
第二节 （表 2-19）	最佳好友	（1）与组员一起探讨合理的人际交往原则与态度 （2）引导组员学会面对和处理人际交往困境
第三节 （表 2-20）	男生女生	（1）引导组员学会尊重个性差异、尊重他人 （2）倡导相互尊重的和谐校园文化氛围
第四节 （表 2-21）	谈情说爱	（1）协助组员认识人际交往中的行为表现，学习辨析友情与爱情 （2）协助组员明确爱情的内涵，包括责任、承诺、尊重、付出等 （3）让组员明白现阶段恋爱的利弊，学会理性分析和选择
第五节 （表 2-22）	朋友有难	（1）提供平台让组员分享自己在人际交往中的苦恼和困惑，引导组员学会处理人际交往冲突 （2）借助组内的相互支持力量，建立人际交往支持系统
第六节 （表 2-23）	友爱长存	（1）回顾和总结小组历程 （2）巩固收获和成长

（2）主题活动流程分节详述。如表 2-18 至表 2-23 所示。

表 2-18　第一节：有个约会

时间	主题	目标	内容	物资	备注
10 分钟（活动前）	活动准备	(1) 做好活动准备 (2) 记录出席情况	(1) 准备活动物资，摆放桌椅 (2) 引导组员签到 (3) 与组员进行交流，相互认识，初步建立关系	签到表、圆珠笔	
10 分钟	开场白	让组员了解小组基本情况	(1) 社工自我介绍 (2) 介绍小组基本情况：名称、目标、次数、时间、地点 (3) 说明小组注意事项：准时参加、到达后先签到等		
15 分钟	"欢乐棒"	让社工和组员、组员之间互相认识并熟悉	游戏规则 ① 组员围圈坐下，轮流介绍自己的名字 ② 邀请最后一名自我介绍的组员 A 双手拿着充气棒，站在中央随便指向一个人 B，被指的 B 需马上喊出另外一位组员的名字，执棒者则马上用充气棒去碰被叫组员。如果被叫组员能够在棒落之前，叫出其他组员的名字，执棒者则转向去碰被叫组员，并依此类推；如果无法叫出，则需做执棒者 ③ 当到第 4 个组员要叫名字时，如果该名组员能叫出下一个名字，则被叫名字的组员接替中心持棒的角色；如果该名组员无法叫出下一个名字，则由第 4 个组员接替中心持棒的角色	充气棒	注意 ① 在介绍名字环节，要提醒组员记住别人名字 ② 游戏前先进行示范 ③ 注意安全：讲清纸棒能触碰的身体部位有哪些，例如，不可以碰到脸，不要对着眼睛等
10 分钟	"朋友汇"	引导组员思考青春期友谊的特点	(1) 给每位组员派发工作纸，写下自己最好朋友身上值得欣赏并吸引自己与之交友的 3 个地方，并轮流介绍 (2) 组员找出与自己相似或相同的其他组员，并坐在一起 (3) 社工小结，引出小组主题 ① 每个人都有不同的特质和交友原则，小组的组员们也是如此 ② 小组将借助每个人的力量，一起探讨如何解决人际交往的问题，提升人际关系	白纸、圆珠笔、"数朋友"工作纸（见附件二）	

续表

时间	主题	目标	内容	物资	备注
15分钟	我们的约定	(1)订立小组规范 (2)增强组员的归属感	(1)把组员从中间位置分成两组 (2)引导各组讨论小组规则并进行记录 (3)各组展示及介绍小组规则的讨论结果 (4)社工汇总所有观点,制订小组规则,并写在卡纸上 (5)社工介绍小组拼图 ① 每人一幅拼图,获得奖励者可获得其中一片拼图,并统一放到组员的拼图包中 ② 每次活动前,组员可领取自己的拼图包并尝试拼图,活动开始时归还给社工 ③ 最先完成或给出其中问题答案的组员可获得特别奖品 ④ 如有违规行为,则扣除拼图	彩色卡片、彩色笔、彩色卡纸、白纸、积分卡(见附件一)、信封(装组员拼图,并且在信封上写上组员名字)、拼图(原装一包,所有组员的拼在一起可成为一幅图)	
10分钟	活动分享	(1)了解组员对活动的看法和感受 (2)预告下次活动	(1)社工引导组员分享活动感受,分享者可奖励拼图一张 (2)社工总结活动 (3)组员填写反馈表 (4)预告下次活动	反馈表、圆珠笔、印章、积分卡	

表2-19 第二节:最佳好友

时间	主题	目标	内容	物资	备注
10分钟 (活动前)	活动准备	(1)做好活动准备 (2)记录出席情况	(1)准备活动物资,摆放桌椅 (2)引导组员签到,并让早到的组员协助引导 (3)与组员交流,了解近况	签到表、圆珠笔	
5分钟	开场白	(1)回顾上次活动 (2)引出本次活动	(1)组员轮流介绍第一节活动的一点内容,不能重复 (2)社工概括总结上节内容 (3)介绍本节活动主题,鼓励组员积极投入		

续表

时间	主题	目标	内容	物资	备注
10分钟	"友声"	(1)活跃活动气氛 (2)初步引导同学思考友谊的力量	游戏规则 ① 准备动作:组员围圈而坐,左手掌心向上,右手掌心向下,左手放在左边组员的右手掌下面,并保持约一个拳头的距离 ② 社工读故事,当出现"you"读音(不论声调)的字时,组员右手向下拍,同时左手躲避别人的拍打 ③ 被拍到的组员说出一个自己认为最佳好友应具备的特征		
35分钟	最佳好友	引导组员	(1)游戏规则 ① 分成4个小组 ② 小组讨论他们认为最佳好友应具备的5个特质,并可举出该特质的一个表现,然后写到卡片上,再进行"优劣"排序 ③ 小组讨论最佳好友最不能有的5个特质,并可举出该特质的一个表现,然后写到卡片上,再进行"优劣"排序 ④ 小组把卡片按照排序贴到大白纸上 ⑤ 小组各选择一个应具备和一个不能有的特质进行介绍,如具体表现等 (2)两组寻找相互之间的异同,并尝试进行排序 (3)讨论 ① 哪些没有上榜?哪些位置可以调整 ② 是否拥有那些应具备的特点或者不拥有那些不能有的特点就是最受欢迎的人 ③ 没有那些"受欢迎"的特点,是否就不能做朋友	大白纸(画一个人体轮廓)、油性笔、卡片(约1/3 A4纸的大小)	
10分钟	活动分享	(1)了解组员对活动的看法和感受 (2)预告下次活动	(1)社工引导组员分享活动感受,分享者可获一片拼图 (2)社工总结活动 (3)组员填写反馈表 (4)预告下次活动	反馈表、圆珠笔、拼图	

表 2-20　第三节：男生女生

时间	活动主题	目标	内容及方法	物资	备注
10分钟（活动前）	活动准备	（1）做好活动准备 （2）记录出席情况	（1）准备活动物资，摆放桌椅 （2）引导组员签到，并让早到的组员协助引导 （3）与组员交流，了解近况	签到表、圆珠笔	
15分钟	男生？女生？	引导组员思考社会上非主流性别打扮的现象	（1）将组员分成两组 （2）播放人物照片 （3）采取抢答形式让组员根据人物打扮分辨其性别，答对可得10分，答错扣5分	电脑、PPT	
20分钟	"娘娘腔"和"男人婆"	引导学生学会尊重他人，不嘲笑他人	（1）引导学生讨论日常生活中那些"非主流打扮或行为" （2）分组说出学校里"娘娘腔"和"男人婆"的表现及他人对其的看法和态度 （3）分组进行情景表演 ① 编写剧本，表现身边同学对待"娘娘腔"和"男人婆"的看法和态度 ② 分配角色并进行排练，要求每个人都参与 ③ 进行情景扮演，时间为1分钟 （4）各组"娘娘腔"和"男人婆"扮演者表达感受；各组讨论该如何对待身边这样的同学，写在白纸上 （5）各组展示讨论结果，社工引导学生理解差异、尊重他人	白纸、笔、拼图	
15分钟	尊重价最高	引导学生理解差异、扩宽学生视野	（1）分两组分别说出形容男生、女生各自的个性特点、能力特点及打扮特点等方面的词语，每说出一个得5分，社工将两组词语分开写在黑板上 （2）社工根据组员所列的特点，带领他们探讨这些词语背后反映的观念 （3）社工通过图片展示不同地区、不同民俗表现出来的男女特征（英格兰男士可穿裙子等），引导组员明白，个人受社会文化影响，但不同文化之间存在差异，差异是合理的，个人有自由选择的权利	多媒体设备、PPT	

续表

时间	活动主题	目标	内容及方法	物资	备注
10分钟	分享总结	总结要义，分享感受	（1）工作员总结本次活动，引导组员在面对差异时多一份尊重，传递"即使我不认同你，但我还是会尊重你"的思想 （2）组员分享活动的收获和感受，填写活动反馈表，分享者可得印花 （3）社工预告下次小组活动时间	反馈表、圆珠笔、拼图	

表2-21　第四节：谈情说爱

时间	主题	目标	内容	物资	备注
10分钟（活动前）	活动准备	（1）做好活动准备 （2）记录出席情况	（1）准备活动物资，摆放桌椅 （2）引导组员签到，并让早到的组员协助引导 （3）与组员交流，了解近况	签到表、圆珠笔	
10分钟	回顾	回顾小组活动情况，巩固活动成效	通过提问竞答方式回顾前三节小组活动内容		
20分钟	友情、爱情有不同	让组员学会分辨友情与爱情	（1）通过报数方式将组员分成两组 （2）各组讨论友情与爱情的区别，并写在纸上 （3）分组展示讨论成果 （4）社工将组员的讨论进行整理归纳，分别写到两张卡纸上，并进行相应补充，通过"爱情三角理论"向组员介绍何谓友情与爱情及二者区别	白纸、圆珠笔、油性笔、彩色卡纸	相关知识请参考知识篇之人际交往部分
20分钟	爱有两面	让组员了解过早进行恋爱的利弊	（1）各组讨论初中阶段谈恋爱的利与弊，并写下来 （2）社工总结并解析初中阶段恋爱的利弊，引导组员理性分析、慎重选择	白纸、圆珠笔	相关知识请参考知识篇之恋爱的利与弊
10分钟	活动分享	（1）了解组员对活动的看法和感受 （2）预告下次活动	（1）社工引导组员分享活动感受，分享者可获一片拼图 （2）社工总结活动 （3）组员填写反馈表 （4）预告下次活动时间	反馈表、圆珠笔、拼图	

表 2－22　第五节：朋友有难

时间	主题	目标	内容	物资	备注
10分钟（活动前）	活动准备	（1）做好活动准备 （2）记录出席情况	（1）准备活动物资，摆放桌椅 （2）引导组员签到，并让早到的组员协助引导 （3）与组员交流，了解近况	签到表、圆珠笔	
10分钟	开场白	简单回顾并引出本次活动	（1）对上节活动内容及组员表现进行简单总结及评价 （2）介绍本次活动主题		
40分钟	说出我的故事	（1）让组员之间相互支持、相互帮助 （2）让组员学会处理人际交往冲突	（1）每位组员匿名写下自己在友情或爱情中最烦恼的事件或困惑 （2）社工利用小箱子将组员烦恼收集起来 （3）社工邀请一位组员抽取1张纸条，并将纸上内容念出，然后请求组员们帮忙解决苦恼 （4）各组员就事件或困惑进行讨论，提供建议与解决方式或加以安慰，社工则在大白纸或小黑板上简要记录 （5）视情况而定抽取若干纸条重复进行 （6）在这一过程中，社工要注意引导组员间相互帮助、相互支持，并及时提供有效建议 （7）邀请组员根据讨论及社工的简要记录，整理出一套处理人际冲突的指南	大白纸/小黑板、空白纸条、圆珠笔、卡纸、小箱子	相关知识请参考知识篇之人际交往部分
10分钟	活动分享	（1）了解组员对活动的看法和感受 （2）预告下次活动	（1）社工引导组员分享活动感受，分享者可获一片拼图 （2）社工总结活动 （3）组员填写反馈表 （4）预告最后一次活动时间，提醒组员做一份小礼物，下次由小组赠送给其他组员	反馈表	

表 2-23　第六节：友爱长存

时间	主题	目标	内容	物资	备注
10 分钟（活动前）	活动准备	(1) 做好活动准备 (2) 记录出席情况	(1) 准备活动物资，摆放桌椅 (2) 引导组员签到，并让早到的组员协助引导 (3) 与组员交流，了解近况	签到表、圆珠笔	
20 分钟	小组回顾	巩固活动成效	(1) 报数分组，将组员分成 3 组 (2) 社工展示小组活动过程的照片并提问（活动内容或活动收获），各组以最快速度举手竞答，回答正确可得 10 分，答错扣 5 分 (3) 社工结合组员的回答，总结、回顾小组历程及主要目的	电脑、PPT、投影仪	
25 分钟	我的交友观	让组员学会正确、合理地交友，学会与朋友相处	(1) 组员在"我的交友宣言"工作纸上写下自己的交友观，并贴在"我的交友观"大白纸上 (2) 社工进行点评、肯定或提出建议	"我的交友宣言"工作纸（见附件）、圆珠笔、油性笔	
15 分钟	活动分享	总结及分享	(1) 社工引导组员分享整个小组的活动感受 (2) 社工总结活动 (3) 组员取出所有拼图，并且尝试拼一幅图 (4) 组员填写反馈表 (5) 组员相互赠送礼物	反馈表、奖品、积分表	

3. 相关附件

我的交友宣言

姓名：_____

（1）我希望朋友有这些特点：
_____
_____

（2）我会这样对待朋友：
_____
_____

（3）当与朋友发生矛盾和冲突时，我会这样做：
_____
_____

编者手记

人际交往小组，本身就是一个社交过程

朋辈群体是影响青少年成长的重要的周边系统之一。在从儿童过渡到青春期的过程中，青少年慢慢地开始减少对父母的依赖，自我独立意识增强，因而需要从同龄群体中获得认同感、归属感、自尊感、自信感。然而，当下许多青少年一直备受呵护，没有学会很好地与其他伙伴平等相处，人际交往问题经常层出不穷，因此，在这个时期，他们尤其需要积极的引导。

人际交往小组的活动过程本身就是一个进行人际交往、处理人际问题的实践过程。在进行组员招募时，人选并不适宜均为人际交往困扰者，或表现较为被动、内敛沉默、以自我为中心等，还应该招一定比例的人际交往情况较好或表现较为积极的青少年。这样不仅能让小组的进程更顺利，而且更为重要的是，能更好地利用青少年自身的带动作用。例如人际交往情况较好的青少年能提供更贴近朋辈生活的例子、方法，提供榜样及正面案例，同时，有人际交往困扰的青少年也能引导大家更多地理解不同人的情绪、困扰。并且，我们也期望，这些青少年进入到小组后，可以慢慢地相互熟悉并发展人际关系，期待这个小组能成为一个朋辈支持系统，甚至在小组结束后，组员仍能相互给予支持。

在小组进程中，社工需要保持敏锐的观察能力，适当地抓住即时情况进行引导，这一点是很重要的。社工要对下述情况进行恰当处理，例如，组员之间发生争执，打断他人说话，遇事不够谦让，发生争议时不能听取他人意见，不够主动，羞于赞美他人，等等。总之，在小组活动中会遇到各种情况，有时事情并不大，但却可以折射出一些组员人际交往的态度。社工可以当即抓住这样的机会，"借题发挥"，让组员分析事件，在亲身实践中学习人际交往的基本技巧及态度。当有这样的机会时，对组员的触动往往大于直接教给他们一堆理论。但活动中也要注意，社工在"借题发挥"时应避免讨论某名组员，避免讨论事件变成"人格讨论"。

所以，小组的活动过程其实就是一个社交过程，对青少年的引导不仅在于对道理的说明，更在于社工与他们一起经历小组进程，并在实践中体验人际交往的点滴。

二 活动主题之二：人际交往教育

——"晒晒友情 TEEN" DV 拍摄大赛

1. 主题活动概述

（1）活动目的：让学生互相分享交友之道，形成良好的人际交往习惯及网络，让学生更加团结友爱，营造互相帮助、彼此分享的良好校园氛围。

（2）活动时间：4 周。

（3）活动对象：全校师生（以初一、初二年级为主）。

2. 主题活动整体流程

拍摄大赛整体流程如表 2-24 所示。

表 2-24　拍摄大赛整体流程

序号	完成时间	工作内容	备注
1	第一周	提前与学校领导层落实分工,如评分人员、技术协助部门、活动使用物资(如宣传栏)等,并落实奖项及奖励	建议学校可开放1~2段时间进行集中拍摄,如兴趣课等
2		活动说明会(教师) (1)派发活动说明细则并说明学校各部门分工,进行问题答疑并收集老师意见 (2)调整细节,落实报名、回收报名表、制作及回收作品的操作	建议分工 (1)班主任组织学生讨论主题、内容及拍摄过程,提供编辑意见 (2)美术老师提供技术协助,如道具使用技巧、拍摄角度等
3		招募技术培训的义工1~2名,要求: (1)基本了解不同视频格式的特点以及不同拍摄器材的使用技巧 (2)掌握简单的视频剪辑技术,如剪接、导出及加入字幕、音乐等; (3)有耐心,乐于听取学生提问 (4)如能参与集中制作工作坊更佳	参加者可在教师、学生及社区中招募
4		招募活动义工(来自不同年级)	可使用学校少先队、团支部等组织或其他社工小组成员(如领袖小组、人际交往小组等),可结合提升领袖能力、团队合作能力、自信心的目标开展活动
5		活动说明会(班干部) (1)派发活动说明细则及问题答疑 (2)讲述简要制作技巧:提前写好剧本,彩排好基本拍摄角度、剧情动作等,再运用道具一次性拍摄 (3)注意事项:避免危险动作,如为学生个人拍摄工具,需提前向老师报备并注意保管好物品,并向老师说明拍摄时间	
6		利用借助广播、宣传栏,设置宣传摊位、入班宣传等方式进行活动宣传及培训招募	建议设置一次性宣传摊位,进行整体宣传
7		各班及感兴趣的同学填写报名表格	各班报名表摆放于班长或班主任处

续表

序号	完成时间	工作内容	备注
8	第二周	回收报名表格及通知培训 (1)以班为单位提前回收,然后汇总到负责人处,并由负责人签写回执,交回各班 (2)如学校内有社工站点、专门负责的部门,可让自由组队的队伍自行到站点/部门提交报名表;如没有,则可统一一个时间点回收	负责的社工或老师需要提前与各班沟通,提醒各班填写注意事项及提交报名表
9		活动义工培训,说明活动时间表及义工分工 (1)作品制作跟进义工:义工分年级负责,定期了解各队制作进度、视频内容及遇到的困难等 (2)协助培训、集中制作工作坊活动的开展:签到、拍照、派发资料、检查设备等	跟进进度的义工应避免跟进较易与自己队伍产生摩擦的队伍,如隔壁班的队伍
10		进行视频、摄影培训1~2场,40~90分钟/场	如视频需在校园内拍摄,建议学生提前报备并携带电子产品,或借用老师、社工站的电子产品,在有监管的情况下进行拍摄
11		借用物资(相机、摄影机)及陪同拍摄,跟进制作过程并确保设备安全	建议老师或学校提供设备
12		集中制作工作坊	组织需要提供技术咨询的同学集中进行文件整理,可借用学校电脑室,时间可为1~3个时间段
13		回收作品,注意填写作品简介	注意现场点击打开,初步查看视频及图片质量
14		晒照片及准备巡回展出	
15	第三周	巡回展及终极展示义工培训,15人,60~90分钟 (1)协助巡回展活动的开展:活动前协助准备物资,活动期间维护物资完整,介绍投票活动,收集投票,等等 (2)协助终极展示活动开展:维持现场秩序,催场,准备活动物资,协助播放视频,等等	在第四周的巡回展后,需要及时组织义工再进行总结及服务提醒
16		发作品给各评委提前观看	

续表

序号	完成时间	工作内容	备注
17	第四周	预热巡回展 (1)设置摊位展示剧照及用电脑播放短片,让学生初步了解各作品并进行人气投票(不可以投自己班或自己小队的作品) (2)让学生初步了解各作品并进行人气投票 (3)学生可自由点评不同作品/图片的优秀之处	如条件允许,可利用饭后、午休前的时间,在学校礼堂、社工站等地方投影或用电脑轮流播放各作品,每天为不同班级的作品展示期间,可组织各队伍代表进行介绍及拉票
18		终极展示 (1)各作品代表人员1分钟介绍作品,并播放精彩片段2分钟 (2)评委简要点评部分作品 (3)对巡回展期间收集到的优秀作品进行点评 (4)颁发义工嘉奖 (5)宣布结果、奖项,发放奖品	

3. 相关附件

附件一：活动细则说明

活动细则说明

- **活动要求**

（1）以"晒晒友情 TEEN"为主题，拍摄关于校园人际交往的生活视频。

（2）报名者需填写《晒晒友情 TEEN 报名表》，并在交表时间前提交给社工。

（3）初一、初二各班至少要有 1 部以班集体为参赛单位的作品参赛，班集体外，可有个人或 6 人以内（含 6 人）组队的参赛作品。

（4）电子设备需各班/队自备，包括 DV 机、照相机或手机等拍摄道具以及 U 盘等移动设备。

（5）各参赛队伍（含班集体）需派 1~2 名代表参加视频剪辑培训（　月　日　时　分至　时　分，时长　分钟）。

（6）视频拍摄及制作必须由队员完成，不得邀请队伍以外人员协助，但可派出 1~2 名代表参与社工组织的集中制作工作坊（　月　日　时　分至　时　分，时长　分钟），与其他队伍、社工、老师等交流及咨询制作技术。

- **作品要求**

（1）内容及形式：以"晒晒友情 TEEN"为主题，拍摄校园人际交往的生活（同学之间、同学与老师之间）。鼓励原创，内容题材不限，例如小品、话剧、纪录片等；主题鲜明，提供正面的信息；声音、图像较为清晰，故事连贯。

（2）视频时长为 5~15 分钟，其中需选出 2 分钟的精彩片段（可为连续、无需再剪辑的）。

（3）视频格式建议为 FIV、AVI、MP4 等，视频命名为"参赛队伍名字＋作品名字"。

（4）提供 3~5 张图片，内容为剧照、团队合照或制作花絮。图片说明在 50 字以内；图片为电子版，打包在一个文件夹内，并命名为"参赛队伍名字＋作品名字"。

（5）参加者可用手机、照相机录像或 DV 机拍摄，如有需要可再将其进行剪切、编辑，加入文字或音乐。

（6）提交作品时需填写作品简介，以便在展出时进行介绍及说明。

- 奖项设置

（1）学生奖：

特等奖 1 名，奖品：

一等奖 2 名，奖品：

二等奖 3 名，奖品：

三等奖 4 名，奖品：

鼓励奖 5 名，奖品：

最具人气奖（预热巡回展投票）3 名，奖品：

（2）组织奖：有指导老师指导的班级获奖。

其他：评委将邀请学校相关老师担任。

附件二：评分标准

评分标准

（满分 110 分）

细则	等级标准		
	10 分	8 分	6 分
整体要求	标准	符合	基本符合
内容选择	内容十分健康丰富，积极向上，突出主题，富有知识性、创新性	丰富、创新、有知识性	较丰富
内容安排	规范合理	较合理	凌乱
色彩搭配	很协调	较协调	不协调
艺术插图	艺术、活泼、流畅、独创	艺术、活泼	一般
画面质量	十分清晰	较清晰	不清晰
声音质量	十分清晰	较清晰	不清晰
人物演技	表演自然，演技很好	演技较好	不自然
创意新颖	优	良	中
整体印象	优	良	一般
作品介绍	优	良	一般
总分			

备注：评分将于大赛结束时展示，由评委进行。

附件三："晒晒友情 TEEN" DV 拍摄大赛报名表

"晒晒友情 TEEN" DV 拍摄大赛报名表

报名表编号：_____（由负责社工填写）

队　　名		队员人数	
班　　级		班 主 任	
队员姓名			
指导老师	有 □，为_____（任课科目）_____（姓名）老师 ／ 否 □		

队伍联系人 1~2 名/联系方式(QQ、电话等)	
拍摄工具	
制作及编辑工具(如会声会影、Premiere、QQ 影音等)	
作品制作计划(如拍摄时间、制作时间)	
作品主题及内容初步设想	
参与培训的组员	
参与集中制作工作坊	是 □，参与人员为：_____(1~2 名) 否 □

备注

（1）如为班集体参赛，队名可为班级名字，队员姓名则填写"×××（联系人名字）等 N 人（班的人数）"。

（2）如自行组队成员为不同班级，应提前向老师报备及咨询，并在报名表的班级中按顺序写明班级，按对应顺序写明班主任；按对应顺序写出队员名单，并在不同班别处用"∥"分开、标出。

（3）请把报名表于　　年　　月　　日（前）到　　　　　　交给　　　　　。

回　执

今已收到报名表_____（编号），队名为_____（_____人）。请队伍代表持回执于_____年_____月_____日_____时_____分到_____参加培训。如有疑问，请提前联系社工_____，联系电话_____。

（负责部门/社工站）：

（负责老师/社工签名）：

年　　月　　日

附件四:"晒晒友情 TEEN" DV 拍摄大赛作品简介

"晒晒友情 TEEN" DV 拍摄大赛作品简介

作品编号		作品名字	
队伍名字			
作品简介 （140 字内）			

备注：作品编号由负责社工/老师填写，可对应报名编号。

编者手记

大型活动，一个青少年成长的综合平台

开展大型活动是开展成长与发展性服务的重要方式，学生不仅能够从中进行观察、相互交流，更能从中锻炼能力、提升自信。从对参赛对象要求的详细规定，到成为开展活动的协助义工的条件，都可以紧密地联系起不同的服务。如规定参赛对象需要以班为单位，一方面能保证参加活动的数量与质量，另一方面也能鼓励班集体的团结、合作，主动发掘内在的凝聚力。而连接义工特别是连接不同的群体，更可以锻炼"义工"的能力。例如连接领袖群体（班干部、团干部、领袖小组等成员），鼓励他们一起参加到活动的讨论和操作中，让他们制订、修改评分细则、参赛要求、参赛操作过程等，为他们提供锻炼和提升领袖能力的平台；连接自信心提升小组，则为组员提供的是与他人接触、锻炼自己能力的平台，让他们在其中感受困难，学习面对和克服困难，让他们体验付出和收获的过程。因此，大型活动不仅考验社工自身的资源链接能力，更为社工服务、为青少年成长提供了一个很大的锻炼和展示平台。

同时，在大型活动中，由于涉及不同的设备，社工在安全、设备操作等细节上尤需要小心，需要向学校做好明确的工作及责任说明。如学校无法满足条件，但又十分需要这类形式的活动，社工可考虑连接其他设备资源，或调整自由、自行拍摄的方式，而采用集中式的拍摄方式，如集中时间段，各班在有限的场地内进行演示、拍摄。另外，社工还可以根据当地情况，适当调整对高科技的要求，只需要紧紧围绕"正面发现、理解人际交往"的主题开展即可，如绘画、涂鸦、写作、表演话剧等皆可。而在本例中采用 DV 拍摄的手法，一方面是基

于现代科技能刺激起学生的兴趣和主动性，另一方面也有利于记录和保存，并且更有可能为以后活动提供素材，如在人际交往的主题班会、小组中提供视频讨论等。

最后，还要分享的一点是，本例以校内活动为背景，如放于社区，则可考虑组织社区不同学校参与活动，而参赛对象要求则需要有所调整。所以，围绕主题，形式其实可以是多种多样的，在前线服务的社工、老师等青春期教育工作者可根据自己服务的实际环境而调整形式、连接资源。

第七章 建立价值观念

青春期教育之策划篇的价值观念部分，旨在帮助社工们更好地协助青少年建立对"性"的积极健康的价值态度，学会理性、负责任地面对青春期的"爱与性"。

当今社会，在高度发达的信息传递中充斥着各种负面新闻，特别是与性相关的新闻常以"丑闻"的姿态出现，映射着不同人对"性"的态度和性价值观。刚走入青春期的少年们正处在价值观形成时期，外界的信息都影响着他们对行为的判断、辨析、理解。在这个时期，社工的积极引导将有助于他们梳理、认识不同的现象和行为，建立起正面、积极的价值观念。本篇将以小组、辩论赛的形式开展青春期的价值观教育，在活动中培养青少年的健康性观念，合理引导他们的行为。

一 活动主题之一：价值观念教育
——"选择方程式"小组

1. 主题活动概述

（1）活动对象：初中学生 8~12 名。

（2）活动时长：60分钟/节，共6节/组。

（3）场地要求：空旷的活动室。

（4）活动目的：增强青少年对青春期的认识，培养正面、积极的与"性"相关的观念态度。

2．主题活动流程

（1）小组整体活动流程。如表2-25所示。

表2-25 "选择方程式"小组整体活动流程

节　数	主　题	目　标
第一节 （表2-26）	启动方程式	（1）明确小组的目的、目标 （2）小组成员相互认识、建立团队
第二节 （表2-27）	八卦审判式	（1）引导组员从不同视角认识与"性"相关的公共事件中的不同现象，学习理解他人的行为 （2）协助组员分析不同价值观念产生的影响
第三节 （表2-28）	解码情圣式	（1）让组员明白在两性交往及婚姻家庭中需遵守自尊、关怀、尊重、负责等原则 （2）促进组员建立正确、健康的性价值观
第四节 （表2-29）	真性情模式	（1）让组员了解婚前性行为及其可能带来的影响 （2）引导组员建立对自己、对他人负责和尊重的态度
第五节 （表2-30）	男女合作式	（1）让组员了解社会性别角色及性别分工的由来 （2）引导组员增强两性平等意识，大胆发展自我，尊重异性
第六节 （表2-31）	终审方程式	（1）总结回顾小组内容 （2）与组员一起分享积极、健康的爱情观

（2）主题活动流程分节详述。如表2-26至表2-31所示。

表2-26　第一节：启动方程式

时间	主题	目标	内容	物资	备注
10分钟 （活动前）	活动准备	（1）记录出席情况 （2）与组员初步建立关系	（1）准备活动物资，摆放桌椅 （2）组员签到 （3）与组员交流，相互认识	签到表、笔	

续表

时间	主题	目标	内容	物资	备注
10分钟	小组介绍	让组员明晰小组活动的目标、活动内容及流程	社工介绍小组的整体内容、活动目的和意义、时间安排,并介绍小组第一节的主要内容	小组简介说明	小组简介说明可包括活动地点、时间、活动名称、社工(站)联系方式等基本说明,让学生保存并起到提醒作用
25分钟	形象代言人	(1)组员自我介绍,展现自我特质 (2)组员相互认识,建立团队	(1)每人从杂志中找出代表自己的10个元素,贴在纸上 (2)组员分享,进行自我介绍 (3)组员寻找小组共同点及组员特别的地方	旧杂志、剪刀、胶水、A3纸、彩色笔	元素参考:喜欢的颜色、喜欢的穿着打扮、兴趣爱好(运动、时尚、美食、游玩、花草、人物、音乐)、讨厌的事情(行为、颜色、人物)、欣赏的人、理想朋友/伴侣的特点或代表……
15分钟	订立小组契约	订立契约,规范小组活动行为规则,增强团队凝聚力	(1)将组员随机分为两组 (2)各组组员讨论小组活动过程中要遵循的规则,并写在白纸上 (3)各组分享讨论结果,社工进行整理补充,并写在彩色卡纸上 (4)组员在小组契约纸上签名以示承诺	A3白纸3张、彩色卡纸、彩色笔	讨论时可参考校规、社会上的规则等说明,或进行分类提醒,如时间、态度、表现等,协助学生理解契约
10分钟	总结及预告	总结小组,再次明晰小组活动内容	(1)总结本节小组内容 (2)社工解答小组成员的疑问,或其他想要了解的方面,澄清组员认识 (3)预告下节内容,提醒活动的时间、地点及注意事项		

表 2-27 第二节:八卦审判式

时间	主题	目标	内容	物资	备注
10分钟(活动前)	活动准备	(1)记录出席情况 (2)与组员初步建立关系	(1)活动物资准备,摆放桌椅 (2)组员签到 (3)与组员交流,了解近况	签到表、笔	

续表

时间	主题	目标	内容	物资	备注
5分钟	小组一回顾	回顾上节内容，开启本节内容	社工带领组员一起回顾上节内容，并介绍第二节的主要内容		
15分钟	八卦之王	(1)了解组员对"艳照门"事件的想法及态度 (2)引导组员探寻事实背后的深层含义，引发组员进一步思考该事件	(1)社工介绍一则近期热议的有关性的新闻(如娱乐圈性丑闻等) (2)社工带领组员一起讨论该事件中有关联的人物角色，如男主角、女主角、泄密者、围观者等 (3)小组集体讨论最应成为该事件负责任的3个角色，社工把不同角色分别写在提前准备的卡片上	空白角色卡片、笔	(1)热点新闻，如陈冠希的"艳照门"、罗仲谦车震事件等 (2)事件中直接或间接地影响很多人，包括我们自己，同时，带来的影响对于不同的人也是不同的
30分钟	模拟审判会	(1)在模拟审判会中，组员进一步理解由该事件引发出的价值审判 (2)引导、肯定及修正组员对该事件的态度及看法，帮助组员建立起正确的价值观念	(1)每位组员抽取一张角色牌，只能自己看到，不公开 (2)每人轮流说一句评论该事件的话，必须符合角色要求，但本着隐藏自己身份的目的 (3)所有人说完后，社工请组员相互猜角色身份，猜中者为胜出，被猜中则输。如此反复多次 (4)社工结合大家的评论，总结要点，肯定积极、正面的观点，调整不当看法。引导组员思考主流社会性价值观	角色卡(男主角、女主角、盗窃照片者、媒体、大众等)	角色卡需卡纸自行制作
10分钟	总结与预告	总结本节内容，预告下节内容	(1)组员分享本次活动中自己印象最深刻的地方 (2)社工总结本次小组的进行情况，预告第三次小组活动的内容		

表2-28 第三节：解码情圣式

时间	主题	目标	内容	物资	备注
10分钟(活动前)	活动准备	(1)记录出席情况 (2)与组员初步建立关系	(1)准备活动物资，摆放桌椅 (2)组员签到 (3)与组员交流，了解近况	签到表、笔	

续表

时间	主题	目标	内容	物资	备注
10分钟	小组二回顾	回顾上节内容,开启本节内容	社工回顾上节内容,并介绍小组第三节的主要内容		
35分钟	我是大情圣	(1)让组员了解两性交往及婚姻家庭中需要遵循的原则 (2)促进组员形成正面、积极的性价值观	(1)介绍"我是大情圣"闯关游戏规则 ①将组员分成两组,进行棋盘对决游戏 ②两组轮流丢色子,并根据点数在棋盘上行进相应步数,然后根据棋盘上的指示进行操作(答题、前进、倒退等) ③最快到达终点者为胜出方,可获得奖励 (2)组员自由组合分成两组,各组围成小圈而坐 (3)给每组派发1张棋盘,宣布游戏开始 (4)第一轮先由两组猜拳决定哪方先丢色子 (5)社工主持并监督游戏进行,并结合游戏进程进行适当的解说 (6)为决胜方颁发"情圣"荣誉称号并赠送奖品	棋盘(见附件一)、色子、奖品	相关知识请参考知识篇之价值观念部分
15分钟	总结与预告	总结本节活动,预告下节活动	(1)社工总结本次小组的进行情况 (2)组员分享小组感受 (3)预告第四次小组活动的内容		

表2-29　第四节:真性情模式

时间	主题	目标	内容	物资	备注
10分钟(活动前)	活动准备	(1)记录出席情况 (2)与组员初步建立关系	(1)准备活动物资,摆放桌椅 (2)组员签到 (3)与组员交流,了解近况	签到表、笔	
5分钟	小组三回顾	回顾上节内容,引出本节内容	社工简单回顾上节内容,并介绍小组第四节的主要内容		
10分钟	认识性行为	帮助组员理解性行为是什么及它可能带来的结果	说明性行为及其可能产生的结果	大白纸、彩色笔	

续表

时间	主题	目标	内容	物资	备注
40分钟	你是否认同婚前性行为	(1)在辩论中让各组员的观点得到充分的表达 (2)引导组员理清婚前性行为的种种观点及问题 (3)帮助组员理解婚前性行为的注意事项 (4)引导组员学会理性地对待性行为	(1)平均分为两组,分正反双方,分别就是否认同婚前性行为进行各自立场的组内讨论 (2)正反双方轮流阐述各自的观点,每次每方有1分钟时间阐述事件。社工及时将辩论观点记录下来 (3)辩论结束后,社工梳理辩论的观点,讨论发生性行为应具备什么前提、有何注意事项、对待性行为的态度是什么 (4)性行为需考虑的参考要点 ① 法律责任:与未满14周岁女性发生性行为需负刑事责任 ② 避孕知识:是否懂得如何避孕 ③ 意外怀孕:有意外怀孕风险,能否承担这样的责任与风险,一旦发生有什么后果,该如何处理,如需终止怀孕,有什么条件与危险 ④ 性病与健康:是否能承担这样的风险,该如何处理 ⑤ 家庭与社会压力:家人及同学、师长等是否能接纳该行为,会有什么意见和看法,会产生何种影响和压力 ⑥ 个人心理及学业:是否影响学业发展及未来道路 ⑦ 爱情与性:是否有稳固的感情基础,性行为对感情的利弊影响	大白纸、笔、彩色笔	相关知识请参考知识篇之安全保护部分
5分钟	总结与预告	总结本节活动,向组员预告下节活动	总结本次小组的进行情况,预告第五次小组的活动内容,建议组员课后回顾小组活动历程并记录自己的感受		

表2-30 第五节:男女合作式

时间	主题	目标	内容	物资	备注
10分钟（活动前）	活动准备	(1)记录出席情况 (2)与组员初步建立关系	(1)准备活动物资,摆放桌椅 (2)组员签到 (3)与组员交流,了解近况	签到表、笔	

续表

时间	主题	目标	内容	物资	备注
10分钟	小组四回顾	回顾上节内容，开启本节内容	社工回顾上节内容，并介绍小组第五节的主要内容		
10分钟	"幸运大回转"	(1)活跃活动气氛	游戏规则 ①社工在地上摆放1个矿泉水瓶 ②社工和组员轮流旋转瓶子，当瓶子停下时，瓶口指向哪位组员，则该组员需要说出一个关于男性/女性特点的词语		
25分钟	社会性别	(1)让组员认识到社会性别角色并不是天生决定的 (2)引导组员增强两性平等意识，摆脱社会固有观念的束缚，大胆发展自我，相互尊重	(1)将组员平均分为两组，给每组派发一套词语卡。第一小组找出认为是用来形容女人的词语，并贴到"女人是这样的"大白纸上；第二小组找出认为是用来形容男人的词语，并贴到"男人是这样的"大白纸上 (2)社工带领组员分享分词情况，提问组员这样分词的具体原因，为什么会有这样的想法。社工引导组员体会，这些特点并非人天生的，而是社会对男性/女性形成的定势思维和角色期待，让组员理解生理性别与社会性别的差异 (3)重新给两组派发词语卡，让第一小组重新为女人挑选形容词，让第二小组重新为男人挑选形容词 (4)社工提问组员改动的理由与想法，引导组员增强两性平等意识，大胆发展自我，相互尊重	词语卡、大白纸、双面胶	
15分钟	总结与预告	总结本节活动，预告下节活动	(1)社工总结本次小组活动的进行情况 (2)组员分享小组活动感受 (3)预告最后一次小组活动内容		

表2-31　第六节：终审方程式

时间	主题	目标	内容	物资	备注
10分钟 （活动前）	活动准备	(1)记录出席情况 (2)与组员初步建立关系	(1)准备活动物资，摆放桌椅 (2)组员签到 (3)与组员交流，了解近况	签到表、笔	

续表

时间	主题	目标	内容	物资	备注
5分钟	小组活动介绍	开启本节内容	社工介绍小组第六节的主要内容，提醒组员本次为最后一次，鼓励组员踊跃发言并积极思考自己的收获		
45分钟	小组历史大考察	(1)帮助小组成员系统地回顾前五节小组活动的全部内容 (2)帮助小组成员理清小组活动的主要观点 (3)进一步引导组员建立明晰、正面、积极的性价值观，学会保护自己、尊重他人	(1)分成3组进行比赛，各组基本分为300分 (2)第一部分：必答题。各组依次回答问题，每次1题，答前按响道具鸡，每题思考时间为15秒，答对加100分，答错扣100分 (3)第二部分：抢答题。主持表示可以问题后，最先站起来的小组代表获得答题机会，答题时间为10秒，可进行1次补答，答对加100分，答错扣100分 (4)社工梳理小组活动内容，增强组员对小组的认识 (5)第三部分：加分题。组员分享在小组中的收获或感受，每分享1次可加100分，如有其他组员认为分享过于敷衍，则不加分	问答题（见附件二）、大白纸、油性笔、道具鸡、秒表	如不能平均分组，首先，咨询同学是否愿意接受有的小组多了人或者少了人；其次，则可选择给多了的同学进行特别安排，如帮忙计算分数及在大白纸上记录答案，或分环节加入到不同小组
10分钟	小组总结	(1)鼓励组员坚持健康、尊重、自爱的态度 (2)提升小组凝聚力，增强组员间的相互支持	(1)计算分数，鼓励组员学会珍惜青春时光，相互支持 (2)奖励比赛中的胜出组；给所有组员派发纪念品，鼓励组员 (3)组员填写反馈表 (4)大合影	奖品、纪念品、反馈表	纪念品建议包括一份组员工作纸的个人合订本或小相册

3. 相关附件

附件一："我是大情圣"棋盘

"我是大情圣"棋盘

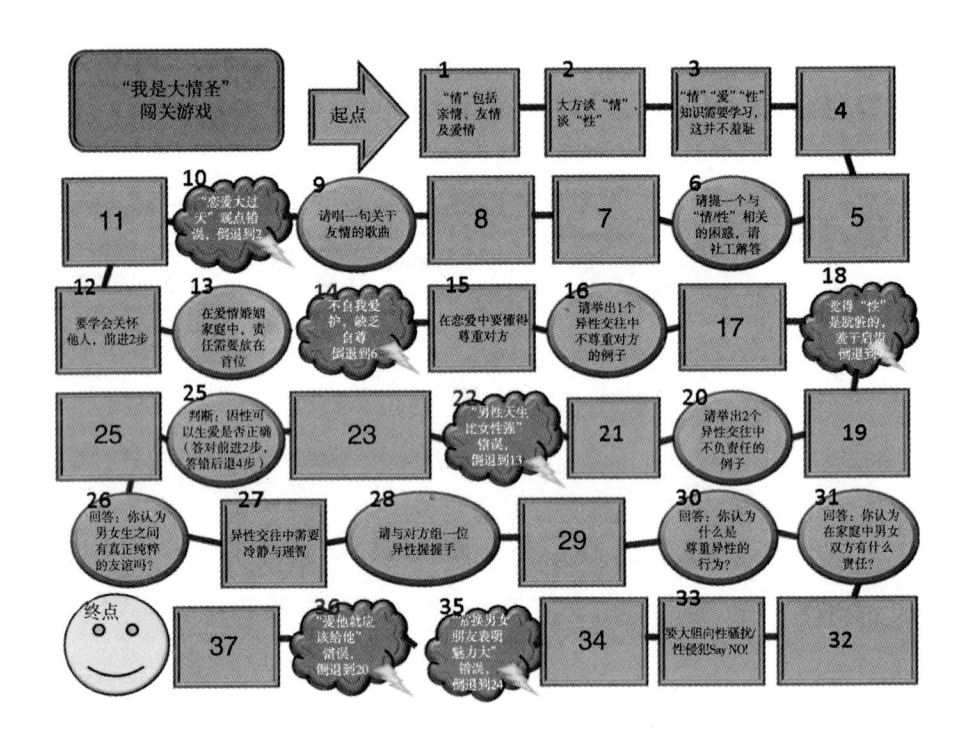

"我是大情圣"闯关游戏	起点
1	"情"包括亲情、友情及爱情
2	大方谈"情"谈"性"
3	"情""爱""性"知识需要学习，这并不羞耻
4	
5	
6	请提一个与"情性"相关的困惑，请社工解答
7	
8	
9	请唱一句关于友情的歌曲
10	"恋爱大过天"观点错误，倒退到2
11	
12	要学会关怀他人，前进2步
13	在爱情婚姻家庭中，责任需要放在首位
14	不自我保护，缺乏自尊倒着走到6
15	在恋爱中要懂得尊重对方
16	请举出1个异性交往中不尊重对方的例子
17	
18	觉得"性"是肮脏的，羞于启齿倒退到1
19	
20	请举出2个异性交往中不负责任的例子
21	
22	"男性天生比女性强"错误，倒退到13
23	
24	判断：因性可以生爱是否正确（答对前进2步，答错后退4步）
25	
26	回答：你认为男女生之间有真正纯粹的友谊吗？
27	异性交往中需要冷静与理智
28	请与对方组一位异性握握手
29	
30	回答：你认为什么是尊重异性的行为？
31	回答：你认为在家庭中男女双方有什么责任？
32	
33	要大胆向性骚扰/性侵犯Say NO!
34	
35	向男女朋友表明魅力大，错误，倒退到24
36	"爱他就应该给他"错误，倒退到20
37	
终点	

146

附件二：小组活动历史大考察

小组活动历史大考察

第一部分：必答题

1. 小组活动每次的主题是什么？
2. 小组活动什么时候举行？
3. 小组成员有谁，来自哪些班？
4. 小组契约有哪些？（说出其中 3 条。）
5. 小组契约还有哪些？（前面没有说到的。）
6. 第二次小组活动中，我们讨论了什么例子？
7. 我们演绎的网恋故事最后结局是怎样的？
8. 在辩论赛中，我们讨论了什么人物？
9. 在法律知识上，我们讨论了哪些法律条文？（说出其中 3 点。）

第二部分：抢答题

1. 在第三次小组活动中，我们分组中分别有哪些组员？
2. 在网络的人际交往中，我们需要注意什么？（说出讨论时提到的 2 点。）
3. 在决定是否要进行性行为时，我们需要考虑什么？（说出讨论时提出的 2 点。）
4. 在审判会上，我们可以怎样理解其中的角色？（说出对其中一个角色的理解。）
5. 从遵守法律的角度看，我们应该学会怎样做？（说出讨论中提出的 1 点。）
6. 我们曾经表扬、赞赏过的组员有谁？欣赏他的什么表现？（说出其中 2 人，可补答。）

第三部分：加分题

1. 你在小组中印象最深刻的是什么（例如环节、组员、收获）？
2. 你在小组中学习到了什么？（改变了你的哪些想法？）

3. 你认为自己在小组中最大的改变是什么（例如进步的地方或欣赏自己的哪些表现）？

4. 你最欣赏哪位组员的表现（发现他改变了、进步了）？什么表现？

5. 你最想与自己的好朋友分享的小组收获是什么？

第七章 建立价值观念

编者手记

请"三思"

在开始本篇活动前，社工需要先思考三个问题：何谓性观念、社工自身的性态度是怎么样的、如何在活动中带出性观念。

你理解的性观念是怎样的呢？中华性医学词典对性观念的解释为："指社会的性意向，即社会人群对'性'的心理倾向。"性观念并不仅指针对性行为的态度和观念，而且是更广义的与"性"相关的态度与看法，包括性生理、择偶婚恋、性与爱关系、性别角色等。明确这一概念后我们会看到，围绕"性观念"主题的服务可以很广，例如青少年的择偶观、恋爱态度（重视责任、尊重等）、婚前性行为、社会性别角色等。社工可以根据服务对象的实际情况与需求而有所侧重地开展具体活动。

在性价值观中，开明的性态度至关重要。首先要扪心自问，社工自身的性态度是怎样的呢？拥有良好性态度的性教育工作者，可以处理及克服表达性教育内容时出现的障碍和困难；可以提高与他人讨论性问题的能力，使服务对象能予以信任并接受帮助；也不会将个人性价值观强加在别人身上，帮助培养服务对象的个人判断和分析能力。而这些都将促使学生建立开明的性态度，接纳"性"，而不是厌恶或逃避。

社工在做人的工作，自身会在不知不觉中影响服务对象。但是，性价值观并不是一个道德是非判断题，它是多元的，有主流与非主流之分。社工在服务中需要尽量保持价值中立，切忌进行道德判断。例如，针对婚前性行为的讨论，社工不必给出好与坏的判断，而应引导学生思考其牵涉的各方面因素及利弊影响等，让他们能多角度地分析，学会理性选择，并懂得为选择而负责任。而重视个人分析能力的培养，有助于学生在日常生活中面对纷繁复杂的信息（尤其性事件）时多一份客观与理性。

性观念并不是一个简单的是非题，社工没办法简单地给予青少年一个标准答案，重要的是要引导他们去思考、去分析，而这个过程是不容易的。对于性观念这样一个抽象的主题，游戏能带出的体验或承载的内容其实不多，最为关键的是社工的引导及解说。例如，学生讨论得可能会天花乱坠，观点更是"百家争鸣"，这时社工的引导和解析就显得非常重要。另外，值得注意的是，对学生正面、健康的性价值观的引导不应局限于某节活动、某次分享，而应渗透在整个小组活动的过程中，包括社工的神色态度及言辞举措。

因此，在服务前，社工需要先花一些时间、精力思考上述问题，才能更好地引导青少年。

二 活动主题之二：价值观念教育
——"我看艳照门"辩论赛

1. 主题活动概述

（1）活动对象：以班为单位，其中4人/组，共2组。

（2）活动时长：90分钟。

（3）场地要求：教室。

（4）活动目的：通过辩论赛的形式，为青少年提供一个开放的环境，让学生在轻松的气氛中学习如何看待类似"艳照门"这样的事件以及其他"性"事件；在游戏的过程中发掘学生对此类事件的认识，加强学生正面的观点，纠正他们偏差的看法；让学生在整个活动中提升自己的洞察能力、分析思考能力，培养学生正确的价值观，提高学生的网络安全意识及隐私保护意识。

（5）活动目标：①让学生在平等的氛围中学习如何正确看待社会中的各种性现象；②培养学生正确的性价值观，纠正有偏差的看法；③提升学生的洞察能力及思考分析能力。

2. 主题活动整体流程

"我看艳照门"辩论赛整体流程如表 2-32 所示。

表 2-32 "我看艳照门"辩论赛整体流程

时间	主题	目标	内容	物资	备注
活动前 1 周	活动前筹备	(1)让学生学习收集与整理信息,提升分析能力 (2)提升班干部的组织能力	(1)组织班干部说明活动规则,并由班干部负责统筹招募辩论队、辩论赛工作人员及提醒各队伍进行资料搜集 (2)组织辩论赛队伍及工作人员进行辩论赛规则以及辩题说明 (3)组织工作人员进行物资准备,跟进各辩论队伍的准备工作	辩论赛流程及规则说明(见附件一)、工作人员分工及说明(见附件二)、辩论赛评分细则(见附件三)	本活动以 2008 年香港"艳照门"事件为例
活动前 10 分钟	布置场地	(1)为活动做好准备 (2)带动缓解活动紧张气氛	(1)布置场地,测试设备 (2)评委、辩论队分别就座 (3)主持提醒观众就座,做好准备 (4)借助多媒体设备展示或贴出辩论流程、原则、注意事项等	多媒体、PPT	布场:在讲台两边分别摆放 4 人的桌椅,让代表队就座;计时员及评委于第一排就座
10 分钟	开场白	让参赛者以及观众了解本次比赛的主要流程	(1)宣布辩题——谁该为"艳照门"事件负责 (2)介绍大赛评委,参赛代表队伍"艳照拍摄者"(以下简称"A 方")、"泄密者"(以下简称"B 方")及队员,展示计时、时间提示道具,简单介绍辩论流程 (3)宣布辩论赛基本原则 ① 文明用语 ② 不进行人身攻击 ③ 尊重主持,听从主持指引 ④ 活动重在各抒己见 (4)宣布辩论赛开始	多媒体、PPT	

续表

时间	主题	目标	内容	物资	备注
45分钟	辩论比赛	(1)引起青少年对初中生谈社会性现象这一话题的关注,表达自己的观点及看法 (2)训练青少年的逻辑思维,提升全面分析问题的能力	(1)立论:各队一辩进行开篇立论,先A方,后B方,各2分钟	笔、计时器、红牌、DV机、相机、辩论赛评分表(见附件四),辩论赛时间扣分记录表(见附件五)	双方在剩余30秒时,主持轻微挥动红牌提醒辩手;时间用完时,主持举红牌并宣布终止发言
			(2)驳论:各队二辩进行驳论,先B方,后A方,各2分钟		双方在剩余30秒时,主持轻微挥动红牌提醒辩手;时间用完时,主持举红牌并宣布终止发言
			(3)攻辩 ① A方二辩挑战B方任意两人提问,B方对应人员回答 ② B方二辩对A重复前一步骤 ③ A方三辩对B重复前一步骤 ④ B方三辩对A重复前一步骤 ⑤ 每个步骤用时3分钟,一方问完问题后,另一方开始回答		用时满时,主持举红牌并宣布终止发言,不得再提问或回答;重复提问、回避问题均要被适当扣分。其中要特别注意:问者只能问,答者只能答
			(4)攻辩小结:双方一辩进行攻辩小结,先A方,后B方,各2分钟		双方在剩余10秒时,主持轻微挥动红牌提醒辩手;时间用完时,主持举红牌并宣布终止发言
			(5)自由辩论 ① 双方自动轮流发言,共8分钟,即双方各4分钟 ② 发言辩手落座为发言结束,即为另一方发言开始的记时标志,另一方辩手必须紧接着发言,若有间隙,累积计时照常进行;如果一方时间已经用完,另一方可以继续发言,也可向主持示意放弃发言 ③ 同一方辩手的发言次序不限 ④ 不能对重要问题回避交锋两次以上,对于对方已经明确回答的问题,不能纠缠不放		双方在剩余30秒时,主持轻微挥动红牌提醒;时间用完时,主持举红牌并宣布终止发言
			(6)结辩:双方四辩分别进行辩论总结,先B方,后A方,各3分钟		双方在剩余30秒时,主持轻微挥动红牌提醒;时间用完时,主持举红牌并宣布终止发言

续表

时间	主题	目标	内容	物资	备注
10分钟	评委退席评议	准备比赛结果	(1)评委退席评议,并由计时员负责统计分数 (2)观众提问 ① 观众举手自由提问,由双方选派选手作答,观众每次只可提1个问题,每次回答应在1分钟内 ② 观众提问时,由主持最终确认其为提问观众,机动人员可协助指引 ③ 提问应遵守活动原则	辩论赛分数统计表(见附件六)、纪念品(赠提问观众)	时间用完时,主持举红牌并宣布终止发言
15分钟	总结及分享	引导学生全面地认识社会各种"性现象",树立正确的性价值观念	(1)辩论队队员分享发言,7分钟 (2)观众分享发言,7分钟 (3)社工总结活动情况及意义,引导学生思考:①不仅是艳照门事件中的当事人双方要负责,媒体、大众也在其中起到了一定的作用;②态度、价值观影响我们的行为,要树立健康、正面的态度;③行为必然产生结果,我们都需要为自己的行为负责,因此要学会三思而后行;④要学会尊重他人、爱惜自己		
10分钟	宣布比赛结果	总结比赛过程中各选手表现并给予肯定	(1)评委点评 (2)宣布比赛结果 (3)嘉宾给胜出队伍、队员颁奖,并为所有参赛人员颁发证书及纪念品 (4)主持向评委颁发纪念品 (5)所有人员合影	奖状(最佳辩手及最佳辩论队)、证书(所有参与成员)、奖品(最佳辩手及最佳辩论队)、纪念品(所有参与成员及评委)、相机	

3. 预计困难及解决方法

预计困难及解决方法如表 2-33 所示。

表 2-33　预计困难及解决方法

预计困难	解决方法
(1)本次活动时间较为紧张,控制时间上有难度	严格按照辩论赛标准安排时间,同时安排一名工作人员负责场控
(2)辩论赛话题较为敏感,在双方互问、观众提问等环节中容易出现混乱的情况	在开场前申明本次活动规则,安排一名工作人员在比赛过程中进行提醒
(3)辩论过于混乱,甚至出现人身攻击	主持有权终止发言,可要求冲突人员坐下或离场,并要求计时员对双方或明显挑起事端者及队伍采取扣分措施

4. 相关附件

附件一：辩论赛流程和规则

辩论赛流程和规则

- 辩题

谁该为"艳照门"事件负责

- 辩论赛流程

1. 主持致辞

简单介绍辩题相关背景资料、辩论赛评委、各辩论队的成员以及比赛流程和规则。

2. 比赛阶段

序号	形式	内容	时间
1	"A"一	开篇立论	2分钟
2	"B"一	开篇立论	2分钟
3	"B"二	驳论	2分钟
4	"A"二	驳论	2分钟
5	"A"三	攻辩:针对B方二辩或三辩提问	3分钟
6	"B"三	攻辩:针对A方二辩或三辩提问	3分钟
7	"A"四	攻辩:针对B方二辩或三辩提问	3分钟
8	"B"四	攻辩:针对A方二辩或三辩提问	3分钟
9	"A"一	攻辩:小结	2分钟
10	"B"一	攻辩:小结	2分钟
11	自由辩	自动轮流发言,A方先发言	每方各4分钟
12	"B"四	结辩	3分钟
13	"A"四	结辩	3分钟

3. 评委退席评议

4. 计时员及记录员统计分数

5. 观众提问及分享观赛感受

6. 嘉宾点评

7. 嘉宾宣布比赛结果并颁奖

- **辩论赛基本原则**

（1）文明用语。

（2）不进行人身攻击。

（3）尊重主持，听从主持指引。

（4）活动重在表达出各自观点。

- **其他注意事项**

（1）在辩论时不要随意打断别人的发言。

（2）不可进行人身攻击。

（3）尊重主持及评委的指示及评判。

（4）在辩论中，辩手可以使用道具、图表和物品作为辅助手段以强化自己的陈述，但尺寸不能过大，以免遮挡他人视线。

（5）在比赛中，辩手的辩位不能变动。

附件二：工作人员分工及说明

工作人员分工及说明

人员类型	基本职责	备注
主持 (2名)	(1)控制整体活动流程，提醒各方发言、发言时间、注意事项等 (2)及时制止混乱情况，如制止争执、人身攻击等，并稳定双方情绪	(1)1名为学生主持，负责控制辩论流程，包括说明流程、提醒时间、提醒队伍发言、宣布活动结果及小结 (2)1名为青春期教育工作者，如社工，负责说明活动意义、提醒活动原则、及时介入紧急情况、稳定情绪及活动总结
计时员 (2名)	(1)监控活动流程时间，及时提醒各方时间，以及在时间到达时有权要求记录员停止记录 (2)记录各辩论队使用时间，包括立论、辩论、总结及观众提问时间 (3)提供时间方面的扣分依据，协助分数统计	(1)如参赛队伍过多，可分工负责不同队伍的记录，并隔开轮流记录 (2)在观众互动环节中，1人负责整体时间记录，1人负责队伍时间记录
摄像员 (1名)	(1)拍摄活动过程 (2)维护拍摄工具安全	注意提前让拍摄员熟悉机械操作并指引可拍摄角度。例如，DV机在辩论队发言时，可适当将镜头拉近至各队伍；在观众互动环节需要拍摄提问的观众，等等
机动人员 (2名)	(1)及时传递物资，如传递麦克风 (2)维持观众秩序，包括提醒观众安静听取各方意见、协助指明提问观众、提醒DV机附近的观众注意设备及勿挡镜头等	(1)1名主要负责传递物资以及协助使用相机拍照 (2)1名重点维持观众秩序
学生评委 (1~2名)	结合评分标准进行评分，在最终评分中占30%的分值	(1)学生评委与嘉宾评委比例为1:2 (2)建议由较具有群众基础和公信力的学生担当 (3)可邀请其他班或高年级的学生担任
嘉宾评委 (2~4名)	(1)结合评分标准进行评分，在最终评分中占70%的分值 (2)对辩论队进行点评	(1)邀请学校老师及专业人士担任，建议各半 (2)提前向评委说明活动的目的和意义

附件三：辩论赛评分细则

辩论赛评分细则

辩论赛每队总分 200 分，由各评委打分，计时员最终汇总所有分数，并依据公式计算最终得分（见后）。其中，最终得分 =（0.3×学生评委评分总分 +0.7×嘉宾评委总分）/评委人数 – 时间扣分。

一 立论环节（20 分）

1. 逻辑性、观点合理性（15 分）

语言是否流畅、逻辑性强，论据是否充分且有说服力，事实引用是否得当，推理过程是否明晰且合乎逻辑，说理是否透彻。

2. 语言表达、风度（5 分）

语言是否流畅、逻辑性强，仪表风度是否自然大方，是否尊重对方、尊重评委与观众，表情、手势是否恰当。

二 驳论环节（20 分）

反驳是否有力、有理；反应是否机敏；用语是否得体；能否迅速抓住对方观点及陈词失误，驳论精到，切中要害；是否紧扣辩题并始终坚持己方立场。

三 攻辩环节（50 分）

1. 提问

提问是否合适，能否抓住对方的要害，问题是否简单明了。在规定时间内没有提出问题或提问不清楚，评委应适当扣分。

2. 回答（10 分）

反应是否机敏，是否正面回答对方的问题，回答是否中肯，能否给人以有理有据的感觉，用语是否得体，对对方的纠缠是否有有效的处理方法。出现不回答或不正面回答问题、答非所问的情况，评委应相应地扣分。

3. 小结（10分）

能否总结攻辩状态，能否总结出对方的辩驳观点并进行有力回应，用语是否得体。

四　自由辩论环节（40分）

是否论点明晰，理解深刻，论据充足、合理、有力，引证恰当，有层次、多角度，分析透彻；是否迅速抓住对方观点及陈词失误，驳论精到，切中要害；是否思路敏捷、应对能力强；是否言语清楚达意、陈述条理性强、措辞造句逻辑严密；是否紧扣辩题并始终坚持己方立场；团队是否分工良好、默契配合；时间、人员安排是否合理。

五　结辩环节（20分）

1. 逻辑性、观点合理性（15分）

语言是否流畅、逻辑性强，论据是否充分且有说服力，事实引用是否得当；推理过程是否明晰且合乎逻辑，说理是否透彻。

2. 语言表达、风度（5分）

语言是否流畅、逻辑性强，仪表风度是否自然大方，是否尊重对方、尊重评委与观众，表情、手势是否恰当。

六　综合印象（50分）

1. 逻辑性（10分）

是否自相矛盾、偏离主题，是否符合正常思维方式。

2. 观点合理性（10分）

语言是否流畅、逻辑性强，论据是否充分且有说服力，事实引用是否得当，推理过程是否明晰且合乎逻辑，说理是否透彻。

3. 语言、风度（语态、语速、仪态）（10分）

语言：表述是否流畅，用词是否得当，语调是否抑扬顿挫、语速适中。

辩风：是否尊重评委、尊重观众、尊重对方辩友，是否对对方辩友有攻击性言语，个人表演是否得当、落落大方且有幽默感。

4. 团队配合（10分）

是否有团队精神，队友之间能否相互支持；论辩衔接是否流畅；自由辩论时发言是否错落有致；问答是否形成一个有机整体，给对方以有力打击。

5. 临场感（脱稿度等）（10分）

脱稿程度与脱稿后语言的流畅度等。

附：辩论会时间安排与分数联系

超时减分，每次超时，减去此队总分3分，队员本人减去1分。时间上的扣分由计时员记录。

附件四：辩论赛评分表

辩论赛评分表

- 团体评分表

辩论队	开篇立论 20分	驳论 20分	攻辩 50分	自由辩论 40分	结辩 20分	综合印象 50分	总分 200分
A方：＿＿＿＿							
B方：＿＿＿＿							

- 辩手个人评分表

辩论队	辩手编号	语言表达 20分	辩驳思路 40分	辩风 20分	综合印象 20分	总分 100分
A方：＿＿＿＿	1					
	2					
	3					
	4					
B方：＿＿＿＿	1					
	2					
	3					
	4					

备注：时间扣分由计时员负责，评委见证填写至本表。

评委签名：

日　　期：

附件五：辩论赛时间扣分记录表

辩论赛时间扣分记录表

- 团体评分表

辩论队	开篇立论	驳论	攻辩	自由辩论	结辩	总扣分
A方：_____						
B方：_____						

备注：每一次扣分为3分，计算总扣分前可使用"正"字形式记录。

- 辩手个人评分表

辩论队	辩手编号	开篇立论	驳论	攻辩	自由辩论	结辩	总扣分
A方：_____	1						
	2						
	3						
	4						
B方：_____	1						
	2						
	3						
	4						

备注：每一次扣分为1分，计算总扣分前可使用"正"字形式记录。

计时员签名：

日　　期：

附件六：辩论赛分数统计表

辩论赛分数统计表

● 团体分数统计表

计算项 / 辩论队		A方：_____	B方：_____
学生评委总分	原总分		
	30%		
嘉宾评委总分	原总分		
	70%		
小 计	百分比后分数相加		
平 均 分	除以_____人		
时间扣分			
最终分数	平均分－扣分		

● 辩手个人分数统计表

辩论队	辩手编号	学生评委总分		嘉宾评委总分		小计	平均分	时间扣分	最终分数
		原总分	30%	原总分	70%	百分比后分数相加	除以___人		平均分－扣分
A方：_____	1								
	2								
	3								
	4								
B方：_____	1								
	2								
	3								
	4								

计时员签名：

编者手记

"艳照门",孰是孰非?

由于青少年正处于价值观的建立和巩固阶段,特别是面对网络舆论与现实舆论的冲突,各种价值观的交集,因此简单的"对"与"错"判断并不能让青少年完全折服,"强迫"接受反而容易引起青少年的极端情绪和行为。而且,在各种"性丑闻"中,不同的人物都有着不同的立场,甚至涉及社会大环境的影响。而青少年在未来的生活中,却有可能成为其中的任何一个角色:性丑闻的主角双方、围观者、传媒传播者、司法系统人员、辩护者、教育工作者等。因此,在这些事件中的认识与理解,关键不是站在一面直接告知对与错,而是让青少年学习思考和理解不同的立场及其所带来的影响以及底线何在。因此,在辩论赛中,重点不是输赢这个结果,而是同学在其中的思考。基于这样的理念,活动的意义才能真正地被青春期教育工作者所体现,才能引起青少年的警惕和重视。

在实施过程中,以下几方面问题需要社工注意。

(1)活动选题。可视乎活动视角重点及事件复杂性,适当增减辩论赛场次,通过"艳照门拍摄者(如男主角)""艳照门女主角""泄密者""传媒""围观网友"等不同角色,从不同立场进行辩论。

(2)活动范围。活动如需在年级内开展,我们建议在全年级进行队伍招募及培训、准备,或提前确定各班代表的立场,并在班内进行代表立场的正反面辩论,以鼓励全班同学参与讨论、思考以及协助参赛队伍进行准备。例如,某班代表"艳照门女主角",则班内可以"艳照门女主角是否需要为事件负责任"为辩题进行辩论。

(3)流程控制。由于辩论赛的规则及流程较为复杂,工作人员的培训对于活动意义的顺利体现就显得特别重要。工作人员可邀请其他年级的学生担任，以尽可能确保公正性。而在培训中，重点应放在掌握流程及应对突发事件（特别是冲突）的技巧培训上，并可使用分组讨论、模拟练习的形式，提升学生对流程及注意事项的掌控能力。如活动范围较大，社工可结合实际情况，提前进行彩排。

（4）应对冲突。在辩论中，辩论队之间可能因人身攻击、语言用词不当而造成对对方的伤害，观众与辩论队之间产生争议等。在处理的过程中，主持人应起主导作用，包括要求适当降低音量、注意用词、提醒规则、指引协助的工作人员如何处理，等等。而在与观众相关的冲突中，工作人员的作用特别重要，尤其在冲突刚起的时候，工作人员应尽可能地降低冲突的不利影响。

总的来说，辩论赛是一种激发学生思考的形式，因此，青春期教育工作者在让学生准备辩论的时候，应多收集资料、多讨论观点并且引导学生思考处事的基本原则，例如，以保护自己的安全为基本准则，行为应以相互尊重为基础，等等。

第八章　学习安全保护

安全保护策划部分旨在与社工一起为青春期的青少年打造一个学习、领悟青春期"安全的性"的平台，帮助他们在学习及互动中，学会运用知识和法律武器保护自己，学会对自己的青春负责。

面对当下青少年过早发生性行为的现象，社工引导青少年建立"性"的安全意识尤为重要。2011年11月，广东省性学会第15次学术年会发布的《广东省中学生性健康教育研究报告》中指出，发生性关系的中学生中，只有3.76%的学生采用避孕套，没有采用任何避孕措施的学生占14.51%。而特别值得关注的是，调查发现，有19.7%的中学生遇到过性骚扰，有4.28%的中学生被迫发生过性关系。本篇将以小组、工作坊的形式帮助青少年学会理性地面对性行为，并学会保护自己。

一　活动主题之一：安全保护教育
　　——"青春护航"小组

1. 主题活动概述

（1）活动对象：8~12名初中学生。

(2) 活动时间：60分钟/节，共6节/组。

(3) 场地要求：空旷的活动室。

(4) 活动目的：通过小组活动，协助组员在青春期中，学习与性相关的安全知识，学会保护自己、尊重他人。

2. 主题活动整体流程

(1) 主题活动整体流程总述。如表2-33所示。

表2-33 "青春护航"小组活动整体流程

节数	主题	目标
第一节（表2-34）	安全启航	组员相互介绍，并且建立小组契约，让组员明确小组的性质和创建意义
第二节（表2-35）	亲密有界	让组员体会亲密程度与身体接触的关系，学习更好地表达爱，学习尊重他人
第三节（表2-36）	法理专家	协助青少年认识相关法律，认识如何应对性骚扰与性侵犯，学会保护自己
第四节（表2-37）	性是否在超前	引导组员思考性行为的动机，澄清对性的误解，了解性的意义及性行为带来的影响，帮助组员建立对性行为负责任的态度
第五节（表2-38）	健康卫士	加深青少年对性病的认识，学习尊重他人以及保护自身的健康与安全
第六节（表2-39）	小组时间轴	总结小组活动历程及学习内容，总结保护自己与他人的重要性和方法

(2) 主题活动整体流程分节详述。如表2-34至表2-39所示。

表2-34 第一节：安全启航

时间	主题	目标	内容	物资	备注
10分钟（活动前）	活动准备	(1) 记录出席情况 (2) 与组员初步建立关系	(1) 准备活动物资，摆放桌椅 (2) 组员签到 (3) 与组员交流，相互认识	签到表、笔	

续表

时间	主题	目标	内容	物资	备注
10分钟	认识社工	让组员做好活动准备	(1)社工自我介绍 (2)介绍小组名字,说明本次小组活动的时间、目的		
20分钟	"鸡"不可失	(1)促进组员相互认识 (2)带动活动气氛	(1)组员按响道具鸡并进行自我介绍。介绍内容包括姓名、昵称、班级、兴趣爱好、最喜欢自己的一个身体部位,可以把自己比喻为身体的一个部位 (2)一个组员介绍完后把道具鸡抛出给下一个人,接过的人进行自我介绍 (3)介绍完后,组员以最快的速度抛道具鸡,并在抛的时候叫出对方的名字,接不到或叫不出名字的组员需要接受特别任务	道具鸡	(1)道具鸡可用其他可抛物替代,如毛绒玩具、缺乏弹性的软球等 (2)接道具鸡的人不能重复并且不能抛出者左右相邻的组员
5分钟	介绍小组	提升组员对小组的了解	社工介绍小组的理念、注意事项,引导组员表达对小组的期望		
15分钟	订立小组契约	(1)制订小组契约,增强小组凝聚力 (2)培养积极分享与表达的氛围	(1)组员们一起商讨,共同订立属于我们小组的契约 (2)组员在契约上签名许诺 (3)社工派发胸卡给组员,组员用1分钟设计个性胸卡 (4)宣布小组成立,提醒组员遵守契约以及相互支持	契约卡纸、油性笔、胸卡	契约可参考青春期教育生理变化之小组活动附件三
10分钟	总结及建议	协助组员整理本次小组活动内容	(1)组员分享,其中接受特别任务者先进行分享 ①在小组中最期待学习到的知识是什么 ②小组契约中最重视的是什么 (2)组员填写反馈表 (3)社工总结本次活动 ①小组正式启航 ②组员相互尊重,遵守小组契约 ③组员课后可收集自己疑惑或感兴趣的与性安全有关的问题 (4)预告下期活动,并派发活动简介说明	小组简介说明、反馈表	小组简介说明包括活动地点、时间、活动名称、工作人员、办公室联系方式等基本说明,让学生保存并起提醒作用

表 2-35　第二节：亲密有界

时间	主题	目标	内容	物资	备注
10 分钟（活动前）	活动准备	(1)记录出席情况 (2)与组员初步建立关系	(1)准备活动物资,摆放桌椅 (2)组员签到及领取胸卡 (3)与组员交流,相互认识	签到表、笔、胸卡	
10 分钟	开场白	集中组员们的注意力,向组员说明本次活动的目的及主题	(1)回顾第一次小组活动内容,再次强调小组契约 (2)简介本次活动的目的和主题	小组契约	小组回顾可参考青春期教育生理变化之男生小组活动二
10 分钟	ABABABB	带动活动气氛,减少组员陌生感	(1)组员分别说出一个三字或四字的叠词,如"红彤彤""黑乎乎""白茫茫""响当当""亮晶晶"等,社工记录于小黑板上 (2)社工显示第一个名词短语"我的头发",让组员把名词与自己说的形容词组合起来,例如"我的头发红彤彤" (3)社工显示第二个名词短语"我的屁股",让组员按照前面的规则组句,如"我的屁股白茫茫" (4)不愿意说的组员需要随机抽取形容词组句	名词纸（头发、屁股）、形容词卡纸	(1)ABAB 和 ABB 为叠词的结构形象,即单一重复一次,或重复最后的那个字 (2)在制造叠词时,可以提示为颜色、动作或结合当地语言文化(如粤语),以增加趣味性
30 分钟	BMW 排行榜	(1)让组员思考身体接触的前提 (2)引导组员明白身体接触往往隐含着我们的性格特征和与他人的亲密程度 (3)引导组员思考在日常生活中如何保护自己	(1)让组员们各自说一个男女第一、第二性征的表现及差别 (2)组员在"BMW"工作纸上用红色笔圈出认为属于隐私不允许人触摸的部位("绝对领域"),并用蓝色笔圈出认为属于朋友可以触摸但其他人不可触摸的部位,可加注解 (3)组员分享并讨论不同保护程度的原因,列出不同部位的保护级数及排行榜 (4)组员讨论保护措施	"BMW"工作纸（附件一）、排行榜大白纸、红色油性笔、蓝色油性笔	(1)圈画时标注出可触摸部位的名字并分享保护措施 (2)分享可以先从低保护度的部位开始,如头发等 (3)注意不同部位的接触都是有限度的,如把头发弄乱这样的触摸常常也是不被接受的 (4)"BMW"直译为"别摸我",也意指需要保护的意思

续表

时间	主题	目标	内容	物资	备注
10分钟	总结	回顾本节内容,帮助组员理解本节知识	(1)社工赞赏大家的勇敢发言 (2)总结活动,引导组员学会把握身体接触的分寸 ① 每个人都有自己的"绝对领域" ② 正如我们对不同人有不同的安全界定,我们也应尊重别人的"绝对领域" ③ "绝对领域"不仅可作为我们日常交往中亲密程度的参考,更能表达出我们对彼此的尊重,增进与他人的关系		

表2-36 第三节：法理专家

时间	主题	目标	内容	物资	备注
10分钟（活动前）	活动准备	(1)记录出席情况 (2)与组员初步建立关系	(1)准备活动物资,摆放桌椅 (2)组员签到及领取胸卡 (3)与组员交流,相互认识	签到表、笔、胸卡	
5分钟	开场白	巩固活动成果	(1)组员分别说出一个普通朋友之间的"绝对领域",回顾上节内容 (2)简介本次活动主题	BMW排行榜	
25分钟	不是小儿科	(1)增强组员对法律、性健康的认识 (2)让组员了解非理性行为的法律责任,让组员学会用法律保护自己	(1)让组员抢答有关性骚扰、性侵犯及相关法律知识的问题,答对一题可以获得一个"GOOD",获得5个或者以上的组员可获得"初级专家"称号 (2)社工解释法律保护的对象及一些性行为的责任	GOOD圆牌、知识题	(1)相关知识请参考知识篇之安全保护部分 (2)对法律进行解释时可关注:我国法律以保护女性居多的原因及措施,男生如何保护自己,何为合理、合法的性行为,等等 (3)在贴GOOD圆牌时可以考虑贴到学生身上、脸上,增加活动趣味性

续表

时间	主题	目标	内容	物资	备注
20分钟	认识性骚扰与性侵犯	帮助组员了解预防性骚扰与性侵犯的方法	(1)分两组讨论问题,并写下各自的应对方法及预防方法 (2)小组分享并互相给"GOOD"表示肯定,每组有2个,不能给自己组,获得最多的组的组员获得"初级专家"称号,原为"初级专家"则升为中级 (3)社工与组员一起整理预防性骚扰与性侵犯的措施	讨论问题(附件三)、GOOD圆牌	问题与情景见附件四,相关知识请参考知识篇之安全保护部分
10分钟	分享与总结	协助组员总结活动	(1)让组员总结活动内容 (2)社工总结 ① 预防性骚扰与性侵犯,一方面需要注意自己日常的行为表现,如衣着、相处方式、活动场所等,另一方面需要警惕身边的可疑行为 ② 学习一些保护知识,如防身术、保护设备的使用、辨别性侵犯或性骚扰的方法等 ③ 勇于对性骚扰、性侵犯说"No",不管是事前或事后,要明白未来的生活是最重要的	"如果你是他"工作(附件四)	

表2-37 第四节:性在超前?

时间	主题	目标	内容	物资	备注
10分钟(活动前)	活动准备	(1)记录出席情况 (2)与组员初步建立关系	(1)准备活动物资,摆放桌椅 (2)组员签到及领取胸卡 (3)与组员交流,相互认识	签到表、笔、胸卡	
10分钟	开场白	协助组员们回顾上节内容,为接下来的活动做准备	总结上节内容及回顾小组活动历程		

续表

时间	主题	目标	内容	物资	备注
35分钟	"心思思"信箱	(1)让组员认识性行为的意义 (2)让组员认识不理性行为的后果与责任	(1)社工朗读信件 (2)组员分成两组讨论信件,讨论性行为迟与早的影响,并记录在大白纸上 (3)小组分享 (4)社工和组员一起梳理性行为的影响	信件(附件二)、大白纸、油性笔	讨论性行为影响时可以考虑以下因素。(1)发生性行为的原因、地点、时间、准备、过程、可能产生的结果 (2)影响。①个人:身体、个人形象、对未来的影响、心理;②家庭;③另一半 (3)双方的责任
15分钟	总结	引导组员理性对待性行为	(1)组员分享在性行为选择上需要注意的要点:什么情况下你会选择与对方发生性行为(发生性行为需要什么前提条件) (2)社工总结小组活动 ① 性行为是一种亲密行为,常与爱相关联,但性行为不等于爱 ② 在两性交往中应对性行为达成共识,包括发生的条件、对结果的承担 ③ 性行为的方式有很多,但切勿随便模仿影视作品中的行为,并非所有行为方式都是健康的 (3)社工派发下节小组活动工作纸"如果你是他",延续故事,写尽量多的后续,并于下节小组中介绍及演绎其中一个结局。每组有10分钟演示,演示最多的小组有特别奖励		

表2-38 第五节:健康卫士

时间	主题	目标	内容	物资	备注
10分钟(活动前)	活动准备	(1)记录出席情况 (2)与组员初步建立关系	(1)准备活动物资,摆放桌椅 (2)组员签到及领取胸卡 (3)与组员交流,相互认识	签到表、笔、胸卡	

续表

时间	主题	目标	内容	物资	备注
5分钟	开场白	激发组员参与的积极性。	(1)回顾上节内容 (2)介绍本次活动的目的		
15分钟	"你知、我知,艾滋!"	(1)帮助组员了解性病、艾滋病等疾病的预防方法 (2)协助组员理解性病患者,学习用平等、尊重的视角看待他人	(1)组员填写问卷 (2)引导组员讨论性病的影响及预防方法,澄清对性病的误解	问卷、大白纸、油性笔	相关知识请参考知识篇之安全保护部分
30分钟	"如果你是他"	让组员明白如何更好地保护自己	(1)按照上节分组,利用2分钟分别讨论及准备上节派发的工作纸的结局上演 (2)各组分别演绎各自准备的结局 (3)与组员一起从多个结局中整理出不同的应对方法以及不同态度产生的结果 (4)为介绍最多结局的小组派发奖品	"如果你是他"工作纸(附件四)、奖品	
10分钟	分享与总结	(1)进一步提升组员们对性病、艾滋病的认识及预防能力 (2)预告下次活动	(1)让组员分享活动感受,互相鼓励 (2)社工总结本次活动 ① 不恰当的性行为会引起很多危机 ② 多了解艾滋病等疾病知识,如怎样会患病、如何预防、如何控制 ③ 学会尊重患病人士 (3)提醒下次小组活动将是本次小组活动的最后一节		

表2-39 第六节:小组时间轴

时间	主题	目标	内容	物资	备注
10分钟(活动前)	活动准备	(1)记录出席情况 (2)与组员初步建立关系	(1)准备活动物资,摆放桌椅 (2)组员签到及领取胸卡 (3)与组员交流,相互认识	签到表、笔、胸卡	

续表

时间	主题	目标	内容	物资	备注
10分钟	开场白	激发组员参与的积极性	介绍本次小组活动的目的,鼓励组员认真回忆总结和积极发言		
35分钟	学习内容大事回顾	系统总结所学内容,加深组员对学习内容的理解及记忆	(1) 社工贴出时间轴,组员轮流写出每节活动内容并且相互补充 (2) 组员分别在各小组中写下该节活动中最大的收获 (3) 组员自由发言,总结在整个小组中自己最大的收获,包括从活动中学习到的知识、精神,从组员当中学习到的精神等	小组时间轴(附件五)、油性笔	时间轴外形可由组员共同讨论确定
15分钟	寄语	结束小组活动,鼓励组员相互支持	(1) 组员在便利贴上写下自己欣赏的组员名字及其值得欣赏、学习的地方,并把便利贴贴到其身上 (2) 组员填写活动反馈表 (3) 社工总结小组活动,鼓励组员学会保护自己、尊重他人 (4) 大合影	纸张、圆珠笔	

3. 预期困难和解决方法

预期困难和解决方法如表2-40所示。

表2-40 预期困难和解决方法

预计困难	解决办法
(1) 小组开展活动的环境与场地问题	由于小组的主题有一定的特殊性,因此考虑到小组成员的保密性,社工要选好小组活动的地点与环境,尽量避免可能被其他学生接触到的地方。在社工室不允许的状况下,小组活动可借用团队室或活动室进行
(2) 小组成员过分活跃,场面较难控制	约定特定的手势代表安静,尽量用自己的行动去感染他们,或者安排特定的活动来改变状况
(3) 小组成员面对敏感问题出现气氛过于沉闷的状况	适当的沉默是必要的。社工应以身作则,表现自然淡定,鼓励并引导组员积极、勇敢地表达自己的观点

续表

预计困难	解决办法
(4)组员间出现严重的冲突现象(如观念不同)	约定安静手势,社工可以一个中介协调者的角色发表意见,首先肯定有冲突就代表有讨论的价值,再引导冲突的双方找出冲突的原因
(5)小组的时间与学校活动安排有冲突	一般情况先考虑组员的学校活动,小组的时间可以再商量、迁就
(6)小组成员中途退出	寻找成员退出的原因,重新考虑小组活动设计的灵活性

4. 相关附件

附件一:"BMW"工作纸（2页）

1. 用蓝色笔圈出你认为朋友（熟悉的人）可以接触，而其他人不可接触的部位。

2. 用红色笔圈出你认为熟悉的人也不可接触（即高度保护）的部位。

3. 圈出后可进行注释，如可接触的人、接触的方式、保护的措施等。

可爱女生

"BMW" 工作纸（2 页）

1. 用蓝色笔圈出你认为朋友（熟悉的人）可以接触，而其他人不可接触的部位。
2. 用红色笔圈出你认为熟悉的人也不可接触（即高度保护）的部位。
3. 圈出后可进行注释，如可接触的人、接触的方式、保护的措施等。

帅气男生

附件二："心思思"信箱

（1）我同男朋友拍拖半年了，我们的关系很好，性格很合得来，大家都很关心、爱护对方，我们相互坦诚面对。我们一直都有亲吻和抚摸的亲密行为，对此我内心一直都非常矛盾，不知道这是不是好事。我们两个讨论过，都坚决表示一定不会有进一步的行为。如果我们一路坚守我们的底线，那么这些行为可以吗？还有我们一向喜欢宁静的环境，有时会因浪漫的环境而亲密起来。其实，亲吻和爱抚都是一种表达爱的行为，不是吗？

（2）我现在读初二。我男朋友平时会同一些朋友一起看 A 片，说是男孩子都要看的。也是，要不哪有地方学习性方面的知识呢？我们有时会相互抚摸，但是我好怕有一天我们会突破底线。我好怕怀孕，好怕影响学习。家人对我要求很高，但是现在谈恋爱了就很难放得下，不舍得，但我又怕我们忍不住。怎么办？

附件三：讨论问题

1. 在拥挤的公车上怎样辨别性骚扰？会有哪些行为表现？你会如何保护自己？

2. 在同学聚会后，已经很晚了，你会怎样回家？在回家路上需要注意什么才能保护自己？有什么预防被人性侵犯的措施？

3. 如果有人利用利器威逼你，要求发生性行为，你会怎么办？

4. 无论女方是否同意，与多少岁以下的女性发生性行为是属于强奸罪？

5. 男孩不会遇到性侵犯，法律上也没有涉及男性作为性侵犯对象的条文，正确吗？

6. 当不幸被强暴，应第一时间尽可能地洗干净，以避免感染，正确吗？

附件四：如果你是他……

如果你是他……

故事背景

初中生阿文与阿珍正在恋爱，在一次冲动下发生了性行为。但在一次验血中，医生发现阿文患了艾滋病，原因有可能是因为早年的医疗事故。当阿文突然被告知这份验血报告后……

● 任务

（1）请小组续写这个故事，并写出尽可能多的不同"结局"。

（2）演绎其中 1 个结局，时长在 5 分钟内。

● 提示

（1）延续的故事中会包括什么人物？他们可能有什么反应？他们的反应会产生什么影响？阿文又会对他们有什么影响？

（2）你认为最好的"结局"是哪个？为什么？

（3）写出最多"结局"的小组会有特别奖励哦！

附件五：小组时间轴

小组时间轴

使用说明

（1）时间轴重在让组员清晰地看到小组活动进程及个人在其中的收获。

（2）在圈内写出小组活动次数序号，并通过引出直线、箭头等，写出小组活动内容以及每人在该次活动中最大的收获。

（3）可每人轮流写小组内容。

（4）外形可多变，如可使用同心圆、树状等。

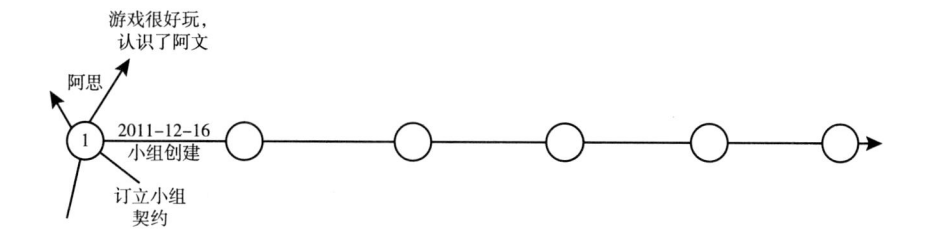

编者手记

如何做到安全保护？

在安全保护篇章，我们可以发现很多与之前篇章相关联的知识点。安全保护有着一个极为重要的特点：它既是一种意识，更是一种内化后的行为表现；它既能体现青少年对自我的认识、接纳程度，体现青少年能否把握人际交往中的度，同时更能体现青少年对责任的认识与承担。在开展小组活动中，我们运用了很多小组讨论的形式，不仅让组员认识现象，更需要组员讨论预防及发生事件后的应对方法。对此，可能会有青春期教育工作者担心，这样是否会让青少年误解为即使发生了不幸的事件，如遭受性骚扰、性侵犯，也是无所谓的？是否在暗示青少年可以放心地进行性行为？因此，把握其中的度成为了一个难点。

首先，笔者需要提出的是设定内容的初衷：我们不仅需要提醒青少年学会保护自己，更需要让青少年明白，纵然发生不愉快的事件，不管主角是自己，是熟悉的他人，还是不认识的陌生人，青少年也要积极面对并拥有积极的未来。由此，鼓励他们向熟悉的人传递保护自己的知识，更鼓励他们学会理解、尊重、关心"不幸者"。

其次，在进行安全保护知识的学习中，重在预防。需要学习的内容包括认识相关行为（性骚扰、性侵犯、性病）的辨识方法、产生的结果和影响、青少年在其中的底线、青少年可采取的预防措施（如自身行为、法律、社会公众等方面）等。

再次，对于"不幸事件"后的应对，应多从"保护"的角度出发，而非全面否定事件的负面影响。我们可以提醒青少年：纵然发生不幸事件，但生命仍在延续，我们有责任也有能力保护它，而保护的力量来自家人、朋友、社会、法律和自己。我们不应因遭遇不公，而放弃对公平的追求和创造；不应因遭遇不幸，而放弃对幸福的追求和创造。而当下的学习，并不是预告青少年会成为事件的主角，而是让他们多具备一份能力，通过理解、尊重他人或传递正面的信息给他人，让更多的人避免不幸事件或从不幸事件的阴霾中走出来。

最后，在内容的选择上，青春期教育工作者常喜欢选取一些与生活或近期热点相关的素材，例如海南校长性侵幼女事件。如使用这类素材，我们需要注意：第一，讨论案例时可淡化教育系统等背景信息，避免青少年把重心放于社会制度等大范围的议题上，出现对社会的不信任、对教育的抗拒，并脱离最基本的、力所能及的"自我保护"；第二，从案例中提炼信息，多和一些系统的研究数据、建议相结合，如女生遭到性侵犯的原因有多方面，从女生自身来说，可能包括缺乏对"性侵犯"危机的认识、缺乏自我保护知识等；第三，让青少年明白现实的局限性，提高自我保护意识。

二 活动主题之二：安全保护教育

——"乘性追击"工作坊

1. 主题活动概述

（1）活动对象：20名初中学生（男、女生各半）。

（2）活动时长：60分钟/节，2节。

（3）场地要求：空旷的活动室（可使用多媒体设备）。

（4）活动目的：帮助青少年整合资讯，了解青春期危机，提升自我保护意识，掌握安全保护知识。

2. 主题活动流程

（1）主题活动整体流程总述。如表2-41所示。

表2-41 "乘性追击"工作坊活动整体流程

节数	主题	目标
第一节 （表2-42）	青春防不胜防	(1)让青少年了解青春期潜在的危险因素,能及时辨别危险 (2)让青少年学会规避及预防危险的发生,保护自己
第二节 （表2-43）	青春安全卫士	(1)让青少年了解性骚扰等方面的知识,掌握相关应对措施,学会保护自己 (2)引导青少年在有需要时懂得寻求帮助,借助外界系统增强对自己的保护

(2) 主题活动整体流程分节详述。如表 2-42 至表 2-43 所示。

表 2-42　第一节：青春防不胜防

时间	主题	目标	内容	物资	备注
10分钟（活动前）	活动准备	(1)记录出席情况 (2)与组员初步建立关系	(1)准备活动物资,摆放桌椅 (2)组员签到 (3)与组员交流,相互认识	签到表、笔	
5分钟	开场白	(1)让学生做好活动准备 (2)引入活动主题	(1)社工自我介绍 (2)介绍活动基本情况：主题、目的、要求、注意事项等 (3)询问学生的疑惑并尽力解答		
20分钟	缉拿危险分子	(1)活跃活动气氛,调动组员的参与积极性 (2)引出活动主题,让学生思考青春期的多种危险	(1)社工请每位组员从自己的椅子及周边找出提前藏好的"危险分子",要求每人只找一张 (2)组员各持一张纸条,按照纸条上的序号依次读出纸条内容,串联成一个故事 (3)组员一起找出故事中伤害玫瑰花的危险分子有多少种,分别是什么 (4)社工借助故事引出活动主题,并请组员结合"危机侦探"工作纸,讨论及写出青少年可能会遇到的与"性"相关的危机,且尽可能地多写 (5)组员分享讨论结果,社工将所有潜在危机记录在"危机侦探"纸上,并进行修正及补充,讨论可参考以下问题 ① 他人侵犯:如遭遇性侵犯、性骚扰(行为、语言上的或人为设立危险环境等,程度或深或浅)情况 ② 性生理健康:如不注意阴部卫生导致包皮发炎,束胸导致胸部受损,经期不注意保暖或饮食等导致痛经,等等 ③ 恋爱中的危机:如被迫发生性行为,暴力(主要指身体方面),不安全性行为,早孕,等等	"缉拿危险分子"纸条（见附件一）、大白纸、油性笔、危机侦探工作纸（见附件二）	(1)纸条数量需与组员人数一致;工作员需事先准备好,并有技巧地藏匿,不能过于明显;如果组员难以找出,可让其他组员一起帮忙找,或社工给予提示,避免耗时过长 (2)引导组员讨论危险因素时,社工可先示范并提供具体指引,如生理健康方面、恋爱中发生的、他人侵犯的,等等。社工可引导组员联系社会新闻进行联想讨论,要求组员写得具体一些

续表

时间	主题	目标	内容	物资	备注
30分钟	防不胜防	(1)让组员了解许多在青春期可能遇到的危险都是可以预防的 (2)让组员掌握具体的预防方式,从自身做起,学习保护自己	(1)将组员平均分成3组,每组讨论一个主题的危机预防方法(侧重发挥个人能动性,如预防伤害,我们自己可以做什么) (2)社工邀请各组分享讨论情况,并在"危机侦探"工作纸上的相应位置,记录下各种预防方法并进行修正或补充	白纸、笔	相关知识请参考知识篇之安全保护部分
5分钟	总结及收集意见	收集活动反馈意见	(1)社工总结工作坊内容:进行了哪些环节,分别得出了什么成果;社工提醒哪些事项,组员表现如何;等等 (2)组员分享活动感受:活动中印象最深刻的是什么,学到了什么,活动心情如何,等等		

表2-43 第二节:青春安全卫士

时间	主题	目标	内容	物资	备注
10分钟(活动前)	活动准备	(1)做好活动准备 (2)记录出席情况	(1)准备活动物资,摆放桌椅 (2)引导组员签到	签到表、圆珠笔	
5分钟	回顾及开场白	巩固上节活动的主题,引出本次活动主题	(1)回顾上节活动内容 (2)介绍本次活动主题及目的		
25分钟	请别骚扰我	让组员了解性骚扰的概念、形式及其带来的危害和应对措施	(1)给每位组员派发是非工作纸,让组员判断性骚扰行为 (2)社工介绍性骚扰的定义(分为语言上的性骚扰和行为上的性骚扰) (3)社工带领组员一起探讨应对性骚扰的措施,并记录在大白纸上	是非工作纸(见附件三)	相关知识请参考知识篇之安全保护部分的"性骚扰"关键词内容

续表

时间	主题	目标	内容	物资	备注
25分钟	我们在你身边	让组员懂得在发生危险时该如何处理,并鼓励组员向信任的人寻求帮助以减轻伤害	(1)社工展示案例故事,并让组员思考假如发生时,该怎么办,组员在纸上匿名写下来 (2)社工将组员的匿名纸条收集起来,随机抽取念出,并与组员一起讨论做法是否妥当,有什么更好的建议。社工根据时间而定抽取若干张纸条。社工要将组员的讨论及建议记录下来 (3)社工结合组员的讨论及建议进行评析,肯定积极正面的做法,纠正不当做法,鼓励组员在有需要时大胆向他人寻求帮助 (4)社工引导组员写出自己最信任的人并进行排序	白纸、笔、大白纸、油性笔	相关知识请参考知识篇之安全保护部分
5分钟	总结	总结并分享	(1)社工总结活动内容 (2)学生分享活动感受与收获 (3)组员填写反馈表	反馈表	

3. 相关附件

附件一："缉拿危险分子"纸条

使用方法：剪开，每位组员一张纸条

(1) 在一个公园里，有一朵玫瑰花开了。
(2) 这朵玫瑰非常漂亮、芬芳，人见人爱。
(3) 一天公园里来了两只调皮的小狗，它们在花丛中打闹着，把花枝压低了，花朵差点就掉了。
(4) 忽然天空黑了下来，刮起了狂风，将花瓣吹落了几片。
(5) 过了一会儿，下起了大雨，花朵上沉甸甸地沾满了雨水。
(6) 雨停后，一条小虫子爬上了花朵，咬了几个大洞。
(7) 过了1天，花朵逐渐恢复娇艳。
(8) 这时一个小女孩路过看见了，顺手就摘了下来。
(9) 小女孩将花带回了家，养在花瓶里，全家都很喜欢。
(10) 第二天，小猫不小心将花瓶打碎了，妈妈将玻璃碎片和玫瑰花一起扔进了垃圾桶。

附件二：危机侦探工作纸

危机侦探

请明察秋毫的各位神探们齐齐揪出青春期中与"性"相关的各种危机！

1. 生理健康方面

2. 恋爱交友方面

3. 他人侵犯方面

附件三：是非工作纸

是非工作纸

问：下列行为是否属于性骚扰？（用✓／×表示）

（1）一位男生趁阿丽不注意时抚摸她的脸蛋。（　）

（2）拥挤的公车上陌生男子用手捏阿丽的屁股。（　）

（3）在赶路时，一名男子飞跑碰倒了阿丽，还压在了她的身上。（　）

（4）阿明每次看到漂亮女生经过时总会跟上去，对着她吹口哨。（　）

（5）语文老师经常趁没人时对阿丽说她"身材很好，胸部和屁股都很好看"，阿丽感到非常尴尬。（　）

（6）同桌阿明平时总是很喜欢当着阿丽的面说黄色笑话，阿丽很讨厌他这样。（　）

（7）阿明在拥挤的地铁里被一位陌生男子摸了下身私处部位。（　）

编者手记

工作坊，短小灵动

　　工作坊是一种较为灵活的活动形式，可以是讲座式工作坊、参与式工作坊，有单独一节的，也有系统连贯的。这里所介绍的工作坊是连续两节有系统进行的参与式工作坊，与小组形式类似，但是没有小组的持久性及深入性，目的是希望能在较短时间内带领青少年一起综合讨论、分享并整合资讯，以获得较全面的信息。

　　本篇两节工作坊是由浅到深、逐渐深入的过程。第一节侧重介绍青春期危机及具体的预防措施；第二节则进一步介绍当青春期危机发生时如何应对，并着重以青少年容易遇到的"性骚扰"为实例进行。

　　工作坊与小组不同，进程较短，并没有许多时间让成员间彼此建立关系，但该工作坊却要求成员针对敏感话题有较深度的参与及分享。因此，小组活动最好招募彼此相识的成员，如在同一个班进行招募。如果招募已经接触过青春期教育活动的成员则效果更好，这样往往更能以开放的态度谈"性"。

　　在活动中，社工尤其需要注意引导一种相互尊重、大方谈性的氛围。社工需要在这个过程中多进行引导和示范，并及时鼓励那些能大胆表达的组员以激励其他人。而社工的态度也需大方，不能言语避讳含糊，同时需要让成员们明白，谈及这些看似"让人害羞""很难以启齿"，但却没有发生在自己身上的事情，也是很有必要的。

　　社工需要明确并向成员澄清的一个重点是，并非只有女生才会有性伤害。如在生理健康方面，男生也需注意保护生理健康；在他人侵犯方面，男生也有可能受到性骚扰或性侵犯，从而带来极大的伤害。另外，男生学习并了解相关的安全保护知识，除了能提升自我保护意识外，还能够树立保护他人意识，明白哪些属于伤害他人的行为（如语言性骚扰等），体会到性伤害给他人带来的痛苦和危害，从而更懂得如何保护他人、尊重他人。

第三篇 青春期教育之分享篇

在策划篇中，我们已分享了青春期教育具体的实战操作方法。接下来，我们将前线社工最直接的服务经验与大家一起分享，希望可以在模式化的操作方法之外，给大家更多经验性的参考。

本篇将分为四个部分：首先是专家说法；其次是前线社工们分享他们对开展性教育的看法，尽管也会涉及一些具体服务的开展，但重点还是在开展青春期教育前的一些思考；再次是前线社工们分享的第一手活动资料，从小组到班会，从学校到社区，再到社工与在性方面遭受到伤害的个案的互动经历，分享他们开展青春期教育的经验及体会；最后是合作伙伴的分享，希望这些经验分享能够激发人们更多的思考；鼓励更多同人参与前线实践。

第九章 专家分享——专家谈青春期教育

专家分享之一：青少年性教育的目标

周卉卉[*]

谈起性教育，相信社会大部分的人都会同意，为下一代着想，性教育实在是必要的、必需的。可是，如果一群认同性教育很重要的人坐在一起，谈着谈着就会发现，原来彼此心中的"性教育"包含着不同的内容、内涵与期望。那么，在推行性教育的时候，大家都有些什么期望？有怎样的目标？又可以朝怎样的方向去达成这些目标？

第一步，我们也许应该了解一下性教育的广度。性教育不只是 Sex Education，而是 Sexuality Education。Sex 者，性也。这"性"是"生理的性"，即生而有之的男女身体之别、性器官、性行为，再推而广之，青春

---

[*] 周卉卉，香港家庭计划指导会教育主任，从事性教育工作多年，为学校、机构及家长策划及带领讲座及培训活动，对象包括儿童、青少年、教师、社工、家长及夫妇等。

期的生理变化、个人卫生、怀孕分娩、性传染疾病等，通通可以归于它的麾下。部分人谈性教育，心中想的光是狭窄的 Sex Education。Sexuality，翻译过来也是"性"，但这"性"超越生理层面，综合了生理、生物、心理、社会及文化上广义的性。只有 Sexuality Education 这种广义的性教育，才可以立体地、人性化地在青少年成长阶段发挥较全面、积极的作用。试问，有谁会觉得自己只是一个纯粹肉体的存在？

第二步，确立了广度，就要想想方向。不久前，在一次性与生殖健康的会议上，一位发言者归纳出现今性教育的主要方向，分别为以健康为本的性教育、以权利角度出发的性教育及以成长为核心的性教育。当日那位发言者的意见是，健康为本的性教育容易偏向生理及医学，以争取性权利出发，反而可能忽略了青少年真正的需要。故他认为，从成长的角度来推行，一步步在不同成长阶段提供适合的性教育，乃最佳方向。

这番话令人想了又想。香港家庭计划指导会的使命为"提倡及推广性与生殖健康"，我们的方向是否更倾向健康？我们的性教育是否完整？谈青少年（及所有人）的性权利是否容易失衡？这问题在脑中转了几天，最终，冒出来的答案是：全面的性教育（Comprehensive Sexuality Education，CSE）。

只要翻看近年联合国教科文组织（UNESCO）、联合国人口基金会（UNFPA）、国际计划生育协会（IPPF）等国际组织发表的各个性教育大纲及指引，提的全都是推行全面的性教育。那如何才称得上是 CSE？这包括在性教育上提供正确的、符合年龄及发展需要的知识、数据及训练，谈性时把它视为人生自然而健康的一部分（而非洪水猛兽、尴尬之源或堕落之路），要学习并尊重文化及个别人的差异、倾向和选择，了解做性决定时要对个人及社会负责，拒绝暴力或剥削，要具性别视野、有个人的选择及发展空间，等等。看看全面的性教育，便发现同之前的三个方向并不矛盾、排斥，在 CSE 中，健康、权利、成长三方面都照顾到了。

第九章 专家分享——专家谈青春期教育

方向知道了，又如何落实、推行？性教育不光是"如此、这般、明白了没"的知识传授，更是生活技能的训练，要教导青少年如何去面对及处理人生的场景。教育工作者需往细处去想，不要让教育架空，只有理论却脱离现实。例如，教导了青春期的生理变化，但有没有同时培养他们的情商来面对这些变化？让青少年要有健康的自我形象，但有没有帮助他们探索自我及培养自信？教导小孩及青少年要学习避免性侵害，是否也要教导他们，万一遇事应如何应对？与青少年谈性欲是人生正常的一部分时，能否谈谈如何处理性冲动？教授青少年要小心接收不同的性信息时，有没有训练他们如何分析及分辨信息的内容及影响？谈到发生性行为前要小心考虑，有没有令他们明白什么才称得上负责？探讨平等，要学生接受差异，那有没有讨论差异代表了哪些社会及文化的意义？讲解意外怀孕的可能性时，是否同时介绍了避孕方式的使用？谈及人际及恋爱的关系时，是否同时顾及了沟通及与人相处的技巧？

以上种种例子只是想说明，性教育工作者要经常思考所推行的性教育，是苍白空泛，还是活生生、紧贴受者的现实与生活？是引导受者正面去思考，还是吓怕他们？信息是全面的，还是局部的？有什么在影响着青少年的观念、决策与行为？教育工作者又可以通过什么来达到正面的影响？

然而，仅有教育和信息是不够的。在最理想的情况下，政府、机构、学校除了提供性教育外，更应提供质量良好的性与生殖健康的服务作为配套，如诊所、医疗及辅导服务等，在硬件上支持青少年做明智的选择，保持身心的健康。

性教育中大量的主题与内容及强调对知情的选择，令一些人担心，给予青少年那么多的信息，会否变相鼓励青少年，加速他们的性发展？天下没有免费午餐，当我们对青少年谈权利、谈选择的同时，要让他们了解，随着人生的选择，义务、责任也就跟随而来。欧美的经验显示，全面的性教育并不会增加受者的性活动，有的研究更指出，全面的性教育反而会推迟青少年首次性行为的年龄及减少高风险的性行为。这大概让不少人松一口气。其实，无知才是最可怕的伤害。从实际的角度出发，如果青少年的性教育落后于他们的性实践，那将会产生很大的危险。

那么，在全面的性教育下，青少年必然会愉快成长吗？每个人长大的路不尽相同，大家回望自己的成长过程，都必然受过不同的教导、指引，有着不同的经历，慢慢地边学习、边摸索，渐渐长成现在的自己。因为成长及性的个人差异太大，我们的目标只可以是以全面而人性化的教育，培养出性健康的人。那么，什么是性健康的人呢？应该包括以下几个方面。

（1）能够恰当地表达爱和亲密。

（2）可认清自己的价值观，亦尊重别人的不同。

（3）能有效地与身边不同性别的人沟通。

（4）学会做决定，为自己的行为负责任。

（5）懂得寻找性与生殖健康的信息，好好管理身体。

（6）能够平衡欲望与理智。

性教育的目标，就是帮助青少年迎接成长，令他们懂得独立思考、如何处理性的问题，进行明智、知情的抉择，创造健康、幸福的人生。

专家分享之二："性向无限"，促进共融[*]

游玉兰　周峻任　姚佳乐[**]

同性恋是一个高度政治化的敏感议题。围绕着性倾向，充斥着种种二元对立的辩论和负面标签。然而，在这种争辩对立中，同志青少年却是在自我的冲突、亲人的心痛、社会的歧视压力下，挣扎成长。

---

[*] 文章原刊于香港社会服务联会（2010）. 社区发展服务：承担、探索、蜕变. 香港：圆桌文化. 获作者授权节录刊登。

[**] 游玉兰，香港小童群益会服务总监；周峻任及姚佳乐，香港小童群益会性向无限计划主任。

第九章 专家分享——专家谈青春期教育

喜欢同性是一个简单的事实,但同志所面对的挣扎压力却是如此的沉重、艰难。由于主流社会对同性恋的污名和歧视,同志青少年在成长时往往经历强烈的内化负面标签,感到隔离和去权,他们往往会有以下的体验。

(1) 自我憎恨。一个同志青少年发现自己的性取向时,这种经历往往是一个严重的创伤。社会因对性取向缺乏了解,而将同志贴上"死基佬""有罪""滥交"的标签。同志青少年很多时候都会内化这些负面标签,憎恨自己,觉得自己是可耻的、污秽的、有罪的。

(2) 疏离。由于害怕别人的拒绝和羞辱①,同志青少年往往戴上面具,压抑真实的自己。同时,他们会建立一个虚假的自我(false self),每时每刻都要监察着自己的动作反应,扮演成一个异性恋者。因此,同志青少年学会与他人保持距离,切割真实的感觉。这种拉紧神经、孤独无助的生活使他们极度焦虑不安。

(3) 缺乏参考模范。由于在主流社会缺乏支援,使得很多同志朋友只能在网络上、在酒吧中认识朋友,没有正常的交友空间。并且,一如其他的弱势社群,同志社群内部缺乏互助的气氛与正面的模式,缺乏支援体系与模范。同志往往在没有养分的荒漠中成长,分外曲折的经历影响着他们的精神健康,亦让不少同志青少年发生高危行为。

2007年,香港小群童益会在全香港开展首个"同志青少年及家长的服务计划",目标是全面支援同志青少年及家人的需要,建立多元共融的社会环境。

西方的谚语说:"照顾一个孩子,需要一村人的努力。"同样,为了让同

---

① 由于无知和恐惧,同志青少年往往受到欺凌和排挤。在我们的一份网上调查中显示,有一半的受访同志青少年曾因其性取向而被嘲笑、侮辱,被冠以各式各样的花名,遭受白眼并被疏远。有一成多更因此而遭受肢体伤害或性骚扰。参见香港小童群益会"性向无限计划"——《同志青少年在中学的处境调查报告》,未刊印。

志青少年成长，我们计划了一个没有歧视的社群（Alternative Community），我们期待可以达到以下目标：年轻人能够体验到尊重和共融，能够体验到聆听和支持；在面对种种的污名时，能够充权并感到有盼望。

"性向无限计划"以社区发展的手法，发展同志青少年的义工自助网络，全面支援同志青少年及家人的需要，以建立多元共融的社会。我们有以下几个工作方向。

（1）提供一个没有歧视的环境，建立互助网络；通过反省回顾，朋辈互助与模范，结合互动机会，外化负面标签，让同志年轻人重新接纳同志的身份和经历。

（2）融合于主流的青少年中心之中，连接学校，同时开设同志家长服务，重新连接不同的支援网络，体验共融。

（3）组织同志青少年成立自助组织，参与决策计划的发展，重新点燃对未来的希望和信心。

（4）重视个人成长，强调同理心并尊重多元的实践，重新理解作为少数人的经历，同时处理内部矛盾和差异。

治疗歧视创伤的开始，是建立一个互相支持的群体，重建同志的支持网络。与一般的同志团体不同，我们的服务融合于主流的青少年中心中，计划中的社工有同志也有"直人"。由此年轻人感觉到，不只是在同志之间，就是在一个主流的社会中也可以体验到共融和被接纳，这使得他们第一次能够放下面具，重拾自我。

在经历尊重、聆听与共融，参加者慢慢接纳自己的过程中，同志开始"愈合外界压迫造成的伤痛"，进一步面对歧视和压迫，外化负面标签，重新解读同志经验。

我们以"生命线"等不同方法，与年轻人一起反思同志身份、共融与歧视、尊重他人的意义。在这一过程中，我们鼓励他们分享，同时通过不同的论述，如平常心看待性取向，尊重不同人的身份，追求有素质的同志生活，等等，去架设一个框架，让年轻人寻找自己理想的追求方向。

我们的义工组织叫作"Elements"，源自他们的一句口号："Every one can be an element of change。"这是我们贯彻整个计划的信念：面对社会的去权和边缘化，每一个同志青少年都有能力影响自己的生活，建立共融的社会。当同志青少年能够找到自己的力量，体验改变时，就能够重燃希望，转化自己的经历。

我们努力创造不同的机会，让同志青少年可以分享自己的故事。我们举办了超过60次的工作坊，邀请不同的人分享成长经历；与不同的传媒机构进行了超过10次的合作，以多元形式展现年轻人真实的声音。真诚的分享能够融化种种偏见，而老师、社工的回馈，令同志青少年重新接纳、肯定自己的经历，同时体验改变社会的可能，找到被歧视经历的意义。

我们和义工们一起策划推动我们的家长服务、中学工作坊，通过生命分享，他们重新体验共融，开创了社会改革的另一种可能。没有激烈的抗争，虽然温和、平实却更有力量。由于见证了这种改变的希望，我们的义工纵然面对很多的挑战和歧视，仍能以平常心正面看待，在积极争取社会改变的同时，没有太多的愤怒和怨怼。

虽然如此，义工小组发展时，仍存在很多困难。曾有一段时间，小组内有种排斥的小圈子气氛；义工们由于性格差异、缺乏沟通，因而产生很多的摩擦、冲突。这就一如很多自助组织面对的困难：少数社群复制着大社会的排斥与边缘化，内部缺乏沟通而自我损耗。我们让义工们聆听不同参加者的经历，体会他们被排斥的感受，同时紧扣同志青少年的自身经历，引起共鸣，训练义工们的同理心以及尊重对多元的理解和实践。我们还邀请不同弱势社群到小组分享，交流大家的体会。我们与义工分享，同志运动的最终意义不在于性取向，而在于尊重每种差异，同理每个人的独特经历。这种尊重多元的实践，让义工重新理解自己作为少数的意义，同时妥善处理内部组织的矛盾和差异。

我们计划顺应同志青少年的需要，建立一个支持成长的社群，提供支援和情感联系；同时，通过反省回顾、朋辈互助与示范，结合互动机会以及多元价值及同理心的理解和实践，让同志年轻人自我成长，重新解读同志身份和经历，服务支持其他同路人，参与改变社会，同时肯定多元价值，同理弱势社群的需要。

"性向无限计划"能够走到今天，是因为有义工们的坚持和努力以及无数人的支持与鼓励。回想起7年来社工服务同志的经历，很有感慨。这7年，有很多年轻人成长的动人经历、闪耀时刻。我们感谢每个开放自己、与我们分享生命故事的同志朋友，是他们丰富、开拓了我们的世界，让我们觉察到自己的偏见，让我们看到勇气、希望和信心，也让我们看到世界的多元和美丽。作为社工，我们很庆幸，能够与这群年轻人同行。

专家分享之三：如何协助受强迫性性行为困扰的青少年

余启明[*]

在香港一些青少年经常浏览的讨论区，有关讨论性话题的版面中，有一些问题经常出现，例如，"有什么方法可以戒J（自慰）"，"有什么方法可以抑制性欲"，"我是不是性变态"，等等。这些留言讨论的大多是个人强迫性的性行为，例如沉迷于自慰，或是有一些特别的性喜好，如恋物癖和易服癖。这些问题一般是关于他们对此不知在心态上该如何面对以及该如何改变一些难以自控的情况。

---

[*] 徐启明，香港明爱"情性地带——青少年性健康支援及辅导服务"社工，注册性治疗师。

当这些年轻人前来寻求帮助时，他们经常有这个问题："以后是不是不自慰就会好起来？""好想戒了它……但是为什么我老是忍不住要再做？"他们大多都感觉难以控制一些自己不希望进行的性行为，并且这些性行为大多已为他们带来不少问题，例如情绪、人际关系、违法甚至债务问题。他们在诉说自己的状况时，感觉像是极渴望将"性"从身体中抽取出来，似乎"性"已完全打扰他们的一切。作为辅导员，可能很快会想起由"成瘾"理论（Addiction Model）引申出来的"性成瘾"理论（Sex Addiction Model）并据此去协助他们。我们通过动机式晤谈法的介入，来逐步提升解决问题的动机，计划可行的改变和维系方案以及预防复发的措施。笔者相信这个取向固然可以帮助对象减少或停止一些不希望进行的性行为，但同时我们亦要留意"性"与其他大部分的成瘾行为有不同之处。以毒品成瘾为例，即使是缓减伤害的取向，服务介入的最终目的都是希望毒品不会再出现在当事人的生命中。可是，"性"就有本质上的不同，我们得以出生在世都是有"性"的结合，即使由于年龄增长，我们可能在性功能上会逐渐衰退，但我们对情感和性欲的需要则未必会减退，甚或可能会增加。因此，我们应该是协助对象停止一些不健康的性行为，但同时亦需要协助他们寻找个人与"性"的关系，寻找个人的性欲和如何建立健康的性行为模式。

此外，根据不同的研究资料显示，出现"性活动失调"（Hypersexual Disorder）或初次出现性犯罪行为的时间都在青少年期。一般而言，青春期的变化让青少年感受个人对性的感觉，透过自我在身体、情感和欲望上的探索，青少年会逐步了解自己在情感和性方面的需要。假如他不能够健康地面对和处理自己的性需要，甚至形成一些沉迷情况，加上社会对性的禁忌，那么，可让青少年健康地讨论性欲话题的空间则十分有限，他们在有疑问时只能孤单地面对个人的性困扰。在没有得到恰当的指导下，性问题和情绪困扰的程度可能会不断累积，从而影响个人的自尊感。

笔者在辅导工作中便会经常遇上充满羞耻和内疚感觉的年轻人。其中一位令笔者留下深刻印象的年轻人，是因为个人有恋物癖而感到困扰。在初期的倾谈中，他大部分的时间都是声泪俱下地表示："我是性变态……为什么我要有这个问题？假如我没有这个问题，我本是一位有为青年……现在，我这一生就完结了！"他在性方面有非常严重的焦虑，加上多年累积来的羞耻、罪疚和自卑的感觉，因而一直认定自己是一个"性变态"的人，这让他一直都不太愿意与人接触，无论在家人、朋友或情侣的关系上，还是个人的兴趣和发展，他的现状都远远达不到一般人的水平。他表示自己现在已经"沉迷"于自己的性喜好，不知应怎么面对。他曾尝试伤害自己，并考虑服用药物压抑自己的性欲，希望将"性"从身体抽出。

来寻求协助的年轻人大多数都会希望找到"正常的性"，甚至认为没有"性"便是"正常的性"，否则便是"坏、有病和变态"。可是，这种以二元法面对性话题的做法却并不恰当，因为性别、性倾向、性别认同及性喜好包含了丰富的内涵和多方面的考虑因素，例如普遍性、合法性和安全度等，在此我们要判断的不再是正常与否，而是要解答"怎样才是较为健康以及什么情况下又会变得较有问题"。以恋物癖为例，假若一个人能在合法情况下自我获得满足，情况便较健康；相反，如果他这种喜好令他出现一些沉迷情况，又或者他只能从单一情况才能得到性满足，就会变得不健康，甚至引致其他问题的出现。因此，我们需要的工作不应是"病态化"或是"正常化"他们的性状况，而是要协助他们逃离二元选择的枷锁以及长时期累积下来具伤害性的情绪，让他们再次认识什么是健康性状况以及自己健康的性需要和性欲望。

要做到这一步，辅导员必须对性有健康的取向，包括"许可"（Permissive）的态度和对"性光谱"（Sexuality Spectrum）的掌握，确认

"性"有其需要、欲望和愉悦的部分，亦同时有其丰富的可能性，并在倾谈时进行性生活状况评估（Sexual Status Examination）。这样，我们就让年轻人能在辅导过程中先仔细表达个人对性的想法、行为、感觉和感受，再协助他们逐步远离有伤害性的性习惯，并重新建立较健康的性生活模式。

第十章 社工感悟——社工们看青春期教育

社工感悟之一：缺乏足够的性教育，青少年性健康堪忧

——对青春期教育的一些思考

陆明亮

青少年学生正处于青春期的初级阶段，在脱离父母的亲密关系网后，他们开始建立自己的朋辈群体。在青春期之前，他们比较依赖父母，但随着青春期的个人发展，他们的情感开始转移到身边的朋友上。因此，引导青少年学生如何正确与身边的同学相处也是一个需要重视的问题。

青春期所发生的一系列形态、生理以及心理和行为的改变程度，对每一个体来说，都是他一生中其他年龄阶段所不能比拟的。尤其是生殖系统（它是全身最后发育的一个系统），它会在青春期迅速发育而达到性成熟。这些迅速的发育变化容易在心理上引起骚扰和波动，虽不一定导致严重的异常，但若不及时地给予相应的处理，也会引起麻烦，甚至影响一生的健

第十章 社工感悟——社工们看青春期教育

康、学习、工作和行为，严重者还可能危及家庭和社会。因此，对青少年来说，讲究青春期的生理和心理卫生是十分重要的。

同时，青少年自身也会感到不知所措，身心的转变常会带给青少年不少的困惑和苦恼，而这些问题往往源于对青春期缺乏认识和了解，尤其是缺乏对性知识方面的认识和了解。对于学生来说，性是非常隐私的问题，现在的学生在初、高中阶段基本没有接触过真正意义上的性教育。其主要原因是，一方面，中国相对保守的父母们不会主动和孩子提及；另一方面，学校等教育部门也没有完善的、科学的、系统的课程安排。由此一来，学生具有的正确性知识还是相当匮乏的。由于家庭和学校提供的性教育信息非常有限，学生为了满足自己对性知识的好奇，往往会通过一些不正当的手段来满足他们这方面的需要，如上黄色网站，买黄色书刊、光碟等。笔者作为一名社会工作者，在为青少年提供服务期间，有许多中学生参与过社工站组织开展的活动，接受过社工的服务，而且有部分学生与社工有着密切的联系。社工通过与学生的接触、谈话以及互动发现：学生对与青春期有关的知识了解不够，对性的认识也很有限。然而，在学生当中却有不少早恋现象或亲密关系，甚至还有少数学生发生过性行为。因此，在这种现状（青少年缺少足够的性教育）之下，青少年的性健康是十分令人担忧的，青少年的身心健康也如履薄冰。

另外，社工在与青少年学生的接触访谈中还了解到：现在的学生虽然思想比较新潮，接触的新鲜事物很多，但是对于如何与身边的异性同学正确相处还存在一定的困惑和迷茫，比如有些男同学比较容易去留意长得比较漂亮的女同学，并且以为这就是喜欢，而女同学对男同学的一些举止和行为很不解甚至感到厌恶。这样，男女同学相处上出现的问题，会影响到青少年学生对异性交往产生正确的客观认识，在一定程度上不利于青少年学生的身心健康发展。由于处于青春初期的青少年有这方面的心理、生理社会特征，因而帮助他们正确认识青春期男女生之间的差异性以及如何正

207

确处理异性关系上出现的问题就显得尤为重要。

因此，针对目前青少年性教育的重要性已有共识而具体实施缺乏有效的途径和方法的现状，如何构建一种符合学生心理特点的、遵循学生心理发展规律的具体实践模式，探索有效实施学生性教育的方法和途径，就成为开展青少年性教育面临的问题。

从实践经验中我们可以总结得出，通过社工组织的工作坊、小组活动等方式开展的性教育活动有良好的经验可供借鉴。青少年具有趋众倾向的特征，因此，社工可先对有影响力和号召力的青少年进行有目的的培训，使其掌握一定的知识和技巧，然后再由他们向周围的青少年传播知识和技能，甚至向更广泛的范围传播，以达到教育的目的。这些活动的参与者主要是年龄相仿，知识背景、兴趣爱好相近的同伴和朋友，采取小组讨论、游戏、角色扮演等参与性强和互动性强的方式进行。通过小组活动形成轻松、活跃和探索的氛围，更加符合青少年心理和情感需求，使青少年群体更容易认识自我，认识和了解性科学、性道德和性知识，从而更有利于青少年分享经验、知识和信息。这些活动是对青少年传递有关性知识的非常适合的方法，此外，它们还能有效地预防青少年不良行为的发生，促进个体、学校和社会的和谐发展。

社工感悟之二：青春期教育，社工能做什么？

谭银凤

性教育，一个敏感而又不容忽视的话题！它的重要性和迫切性是毋庸置疑的。现今社会的急剧转变、性资讯的泛滥影响着青少年在性方面的认知与成长；"暴风雨"时期的青少年，性与爱的意识开始觉醒，由此带来的惊喜、好奇、紧张、失措等情绪都成为社会和青少年不得不面对的现实问题。而传统的性教育工作基本上是"谈性色变"，屡屡的说教、警告、劝导、禁止等表面工作成效似乎不大，当前青少年恋爱和性行为的低龄化与普遍化问题也未能得到有力的回应。这样的教育工作只看到青少年的行为后果，而未能把握其青春期恋爱和性行为背后的动机、原因和性质，以致很多工作是缺乏针对性与有效性的。

青春期是青少年发展亲密关系的重要时期，这时期青少年最明显的一个特征是对异性充满好奇，喜欢接近异性，具有性欲望和性冲动。"哪个少年不善钟情，哪个少女不善怀春"，在性激素作用下，青少年产生对异性向往或爱慕的心理，出现性幻想，发生亲密行为，是青少年心理正常发展的一部分，是合情合理的。但他们的性心理远不如性生理成熟，尤其是青少年在恋爱中遭遇性行为要求、身体暴力等脆弱性风险时，他们不能妥善处理这一阶段的心理变化，不善驾驭感情，不能冷静分析人和事，不能控制自己的行为，理智让位冲动，容易一失足成千古恨。考虑到这些现状，就需要有专业的人员引导他们正确对待和处理这些问题，引导他们既不能把性看作是思想不健康的事，从而自责或内疚，也不能突破性文明的约束，出现性暴力等自己不能承受的生命之重，使身心受到严重伤害。

针对青少年的阶段特征，社工应从青少年自身视角出发，去理解他们在青春期所面对的各种心理发展问题，透过多元的活动手法，利用团体工作的形式，采用社会学习理论作为性教育工作介入的理论基础。性教育工作强调人的行为、思想、情感反应方式和行为不仅受直接经验的影响，同时也受间接经验的影响，还强调观察和模仿是学习的重要过程，人们可以借观察和模仿学习新的行为。在性教育的团体活动过程中，社工借助恋爱视频案例，以是非判断为载体，设置具体的情爱情节，在具体的情境中探讨性与爱的各个方面，通过这种直接的观察及面对面的讨论，使青少年理清对性与爱的认识，通过成员之间互相交流看法，使青少年在群体中建立互助支持系统，习得与异性在交往过程中的互动艺术，学会正确判断性行为可接受的程度，促使青少年的心智不断成熟。

此外，社工还利用"认知行为理论"介入性教育工作。"认知行为理论"认为，个人对外界事物的情绪及行为反应不是直接的，而是受制于这一过程中的思想信念。信念合理积极，则反应也合理积极；信念有偏差谬误，则反应也会有问题。通过找出谬误信念，重建合理思想，则情绪及行为问题亦能获得解决。性教育工作通过活动分享、游戏及视频播放、话题讨论、案例分析与演绎等方式，让青少年认识到自己在恋爱和性上存在的一些不理性信念以及这些信念对自身情绪和行为的影响，协助青少年建立新的、合理的情爱观信念，学会用理智处理青春期的性冲动，学会正确看到恋爱的积极作用，学会在恋爱中自我成长以解决在青春期出现的性与爱之困扰，进而学会保护自己，学会在社会中承担责任和义务。以这样一种形式开展性教育工作，避免了只纯粹在表层灌输青少年应该知道什么，而不考虑青少年知道了什么、不知道什么以及他们想知道什么的缺陷，关注了青少年在青春期中的发展需求。

除了团体工作外，社工还开设"知心姐姐"咨询热线，接受电话咨询，协助青少年处理情爱中遇到的困惑，对深受困扰的青少年提供个案辅导服务；添置青春期阅读刊物和青春期知识宣传专栏，增加青少年有关性方面的知识与见闻；开办关于青春期的工作坊或讲座，拓展青少年之间的互动与交流，在团体互动中协助青少年建立正确的情爱观。社工通过这些工作，引导青少年掌握正确的异性交往技巧，协助青少年正确辨识性与爱，处理其中所面临的问题，建立正确的价值观，协助他们顺利进入成年期。

社工感悟之三：开展青春期教育，要有正确的心态和得当的方法

黎丹丹

关于开展青少年的性教育服务，其实在大学的时候我就已经尝试过，

那个时候为什么会挑选这个方向去做？原因很简单，我也经历过青少年那个懵懂的阶段，我了解青少年的需要，尤其是对性知识的需求。

步入青春期的青少年开始对异性产生好感，在生理发育及心理发展的影响下，对异性的身体或者一些生理反应会产生莫大的好奇。性是青少年感兴趣的话题，有时性是青少年自己心中的一个问号，有时则是朋辈间讨论的热点话题。但有趣的是，在生活中很少有人将性从教育的角度对青少年这个需求给予适当的回应。这时我们社工的作用就体现出来了。

1. 社工的心态

从我自身而言，我觉得在开展性教育活动中，对于自己的第一点要求就是要处理好心态的问题。我们自身如何看待性以及性教育，其实对我们开展工作是有影响的。

我们生长于中国，在一些传统观念的影响下，很多时候我们自身对"性"这个词就很难启齿，更不用说要对青少年开展性教育。我们自己对于性的了解是否充足？其实会有很多很多的屏障出现在面前，但我觉得这些屏障都是工作人员自己设下的。

我们为何提出要为青少年开展青春期教育？这个答案不是很明了吗？因为这是青少年成长的需要，因此当我们看见这个需要时，我们便做了。如果我们深知这一点的话，那为何还要被传统的观念束缚住，而不敢大胆、直接地去开展服务呢？开展性教育其中的一个目的不就是让青少年正确认识"性"是人的生理及心理发展过程中产生的一种需要吗？学习性知识其实是每个青少年成长的需要，我们要让青少年意识到这一点，并以开放、科学的态度去认识、了解性。如果我们了解到了这些需求并且认为开展青少年性教育非常必要，但作为工作人员的我们却无法摆脱一些思想观念的束缚，那么我们怎样去影响青少年，让他们都朝着青春期健康的方向发展呢？

因此，作为开展性教育活动的工作人员，自己的第一堂课就是摆好自己的心态，扫除自己设立的屏障，为服务开展做准备。

2. 服务对象给工作人员设下的圈套——性教育＝性技巧？

其实对于性的认识，从幼儿阶段就已经开始，如男女性别差别、身体器官认识等。但对于很多青少年来说，他们觉得自己认识"性"则是在有性需要时才算正式开始。资料显示，男生在十五六岁已经通过手淫或者与他人发生关系来获得性的满足，而女生也在十四五岁有了要获得性满足的需要。青少年对性知识方面的了解途径包括学校发的有关性生理、心理健康方面的书籍，老师及家长的教授，等等，有的青少年甚至通过看黄色书籍来获取相关知识。但是，由于传统思想的束缚，青少年从父母或者老师那里学到有关性方面的知识是很少的。一方面是父母不习惯或者不好意思在子女面前提性方面的东西，他们会难于启齿；另一方面，老师虽然有义务要教授学生相关方面的知识，而且学校也设置了一些性教育课程，但是要老师在课堂上大胆地、无禁忌地讲授这些知识，也是较难办到的。于是，学生为了满足自己对性知识的好奇，会通过其他手段来满足他们这方面的需要，如上黄色网站，买黄色书刊、光碟等，但是这些媒介对于性的介绍主要是关于性交，因而也让青少年片面地认为"性"就是单纯地指发生性行为。

这一点对于我们开展性教育工作是一个很大的挑战。尤其有一些青少年会问："你有性经验吗？如果你没有性经验的话怎么教我们啊？"他们可能觉得性教育就等于性技巧的教育。面对这种情景，工作人员会显得尴尬，因为既要考虑与这些青少年建立亲密关系，同时又面临被问及一些如此隐私的问题时如何回应的难题，确实进退两难。

面对这样的情景，有的工作人员可能会选择如实回答，而有些则可能转移话题，避而不答。我不能说那一种处理方式比较好，毕竟不同风格的工作人员处理的手法可能会不一样，我只在此说说我自己的想法和处理手法。

我也遇到过这种情况，那个时候我的反应并不是想要不要回答他的问题，而是反问了一句："你为什么会对这个问题那么有兴趣呢？"因为青少年提出这个问题，其背后可能有一个隐含的信息：提问者觉得有性经验才能从事性教育，因为性知识要通过性经验获得。就这一个问题，我顺理成章地把我们性教育中很重要的一个点说了出来：性教育≠性技巧。性教育其实包括很多方面：性的一些基本知识、性道德、安全性行为……并可引导活动参加者一同订立规则，尊重个人隐私，这样就化被动为主动了。

社工感悟之四：开展青春期教育应持的理念
——价值多元、尊重差异

钟履晔

开展青春期教育，是一次社工服务渗透价值的行动探索。前线社工同人们在青春期教育的服务实践背后，传递着一种新的价值和理念。在开展青春期教育的过程中，我们尝试注入社会性别视角，以开放、多元及尊重的价值理念面向服务对象，以专业的实操技能提供服务，满足青少年的多样化需求，力求实现陪伴青少年健康成长的目标。

什么是社会性别？社会性别是西方女性主义的核心概念，20世纪60年代，伴随着西方社会运动，如黑人民权运动等的兴起，西方女权运动在不满女性压迫地位、反抗男权的呼声中兴起。早期女权运动以实践为主，后期转向理论研究，也就是在这个时候，"社会性别"作为一个概念被提出来，它很快成为了女性主义理论的核心概念。它的提出以摆脱妇女受压迫的普遍事实、提高妇女社会地位为初衷，对西方社会各个领域尤其是社会科学界产生了深远的影响。

那么，我们究竟如何定义社会性别呢？生理性别（Sex）与社会性别（Gender）是不同的两个概念。生理性别指的是生物特征，即人体解剖学角度在婴儿出生时确定的男性或者女性；而社会性别指的是不同文化赋予男女不同的社会角色、行为准则、表现形式等。社会性别是一种社会文化建构，由社会性别认识产生的性别角色的差异并不是以男女生理上的差异来划分，而是在社会文化中形成的，并且随着社会历史和文化的变化而不同。也就是说，社会对两性有不同行为的认定和期待，这些期待和认定适用于服饰、角色及其他文化认可的行为特征，成为社会身份、角色的特殊划分。特定的社会性别观念是在每个人的成长过程中不断被确认和强化的。我们从小所受的教育、身边的大众传媒无时无刻不在强化着我们对男性及女性角色、身份的期待和认定，导致当我们面对与我们对男性女性装扮、举止的期待和认定所不相符的人时，我们就会将他/她排除在外。

同样的事情也发生在中学校园里。青春期是形成某一特定性别角色的重要时期，我们常常会在校园里发现那些不太符合主流社会性别观念的女生或者男生。这些女生可能不喜欢留长头发，不喜欢穿裙子，不爱听美好的爱情故事……总之，不喜欢女生们都喜欢做的事情；而那些男生呢，他们可能没那么阳刚，比较多愁善感，不喜欢打篮球而喜欢做手工……总之，也不像别的男生那样举止。很多人会因此嘲笑、排斥甚至欺凌他们。

这就是为什么我们会尝试将社会性别的视角引入青春期教育。面对上述的两个群体，我们希望在社工服务的背后，传递一种新的价值理念，我们以不把任何一个不符合主流的群体排斥在服务对象之外为目标，在解决青少年人际交往的棘手问题的同时，帮助被边缘的青少年重新回到大群体中，获得尊重和理解。

从目的出发，我们延伸出两个方面的目标。一方面，我们意在向青少年普及有关社会性别的知识，并在此基础上，希望那些在性别角色表现方面与主流不符、被边缘化的青少年能够理解，实际上青少年有权利在不触犯法律、不侵犯他人的合法利益基础上自由地做出选择，决定自己的行为方式、思维方式以及自己的喜好，开发自我潜能，创造自我的价值。另一方面，我们希望能够帮助青少年养成一种包容、开放、探索未知、尊重差异的价值取向。如果因差异而嘲笑，甚至欺凌他人的人，不能在事后学会包容、理解、尊重，而被嘲笑的人终究不能自我肯定、自我辨别，那么青少年在智识上的成长恐怕难以实现。

行为的改变源于认识、思维及观念的改变。青春期教育应该尝试在惯常的社工服务活动背后去触动青少年的感知及认识。尽管我们尝试将社会性别视角引入青春期教育，但是我们也承认社会性别概念本身也受到很多的挑战。关键在于我们希望透过这个契机，让青少年能够理解主流社会认可背后其实是有一套我们看不见的规则在操作，他们可以做出符合自身情况的选择。我们最终的目的不是要去传播某一种学术观念，我们更愿意看到的是，青少年能在成长的过程中，逐渐学会理解、包容、尊重差异以及真实地面对自己的人生，勇敢地为自己的选择负责任。

第十一章　实务手记——青春期教育服务经验谈

一　校园环境中的青春期教育

实务手记之一：进驻校园，从需求评估到项目展开
——以"飞扬地带"项目校园青春期教育为例

郑泳诗

"飞扬地带"项目自 2010 年 8 月在佛山市顺德区容桂街道落地生根后，经历了两个月的需求评估调研，最终确定了"学校—家庭—社区"三位一体的策略，联动三方力量，共同促进青少年成长；同时，通过八大主题活动的开展，促进青少年自我增能。八大主题的活动包括：青春期教育、自尊自信建立、学习动机提升、人际交往及情绪管理、系统思维培育、职业生涯规划、家庭教育及针对特殊需要展开的服务。

众所周知，要一下子把八大主题都进行深入服务，存在一定难度，所以，开展服务的时候，我们在学校站点以及社区站点分别有不同的侧重点。而选取青春期教育主题作为学校社工站工作的重点，其原因有二。

（1）青少年的成长发展需要。青春期为青少年带来一系列生理变化，这些转变不但需要他们进行很多的调整和适应，更会为他们带来情绪上的不安和焦躁。并且，当青少年处于身体转型阶段，身体上分泌的荷尔蒙也会影响学生日常行为、思考方式等，不少青少年都困惑于是否应该拍拖，怎样处理与异性之间的关系等问题上，他们甚至通过不良渠道去了解所谓的性知识，这些都需要社工去介入或者引导。

（2）学校性教育不全面。在与老师的访谈中我们发现，老师们普遍认为，性教育这个问题比较敏感，难以向学生启齿，所以都是略略带过这一部分的内容。而学校系统内现有的性教育，只停留于纯粹生理知识方面的灌输，例如学校安排生物老师或者邀请医生进行生理结构变化方面的解说，尽管如此，仍然无法满足学生对性教育方面的需求，更无从谈起正确的性观念和态度的引导。

综合以上两点，学生对青春期教育存在极大的需求，而学校本身的内部系统并不能满足，在这种不平衡的状态下，驻校社工作为辅助或者支援学校工作的一部分，应该首先考虑补充该部分内容，协助学校更好地开展这方面的工作。

在确定了将青春期教育作为学校重点后，接下来的工作便是如何开展这一主题活动。社工一词对于学校来说比较新，社工进行活动的形式也需要逐步向学校宣传、推广，在这种情况下，我们应该采取什么形式进行活动呢？是班会、小组还是大型活动？考虑到学校系统内，都以授课为主，我们决定采取班会课的形式。一方面，可以配合学校原有的教学时间，让老师比较容易理解；另一方面，可以借此机会以班为单位向学生宣传社工站，让学生体验社工活动。这是"飞扬地带"这一品牌打入学校以及学生心目中的一个重要机会，所以班会的设计必须照顾两方面的感受，前期准备中就包括要了解学生的需要以及老师对此问题的看法、对班会的期望等。在与学生的日常交谈中我们发现，他们对青春期的情感话题比较好奇，但又没有太多的途径可以得到咨询，很多困惑都藏在心里或者只与几个好友谈论，很担心被认为是不正当的想法；老师则认为不少学生都出现了谈恋爱的苗头，希望能给学生一个正确的引导。结合两方面的需要，班会的设计必须生动并且贴近学生生活情况，所以，班会采取了青少年来信的形式，把青少年日常比较困惑的事件综合起来，写成书信，以第三人称的形式展示给学生，事例既贴近学生，又不会让学生觉得是自己，只是可能会与来信者遇到的问题相近。班会过程中，我们引导学生思考恋爱的框架，例如，谈恋爱时要注意的问题，决定恋爱前应进行那些方面的思考，等等。

班会受到了学生以及老师的好评，这为青春期教育主题深入学校开展做了很好的铺垫。班会后也有不少老师主动来到社工站，邀请社工到他们负责的班级上一堂该主题的课，逐渐也有老师发出其他主题班会的邀请。青春期教育主题班会的成功开展对社工站起到了很好的宣传作用，有助于与校方建立良好关系，得到校方的支持，从而有利于继续开展其他主题的活动或者对该主题进行深化，进行一些小组活动、个案工作等。在学校工作当中，社工在第二环境中开展工作，因而处理与学校之间的关系就显得尤为重要。青春期教育主题因它的特殊性，作为"飞扬地带"项目进入学校，成为与学校建立良好关系的重要纽带。

实务手记之二：涩涩青春，社工伴你成长

——记汶川八一小学青春期系列服务

杨 玲

青春期，一个由儿童逐步转变为成人的时期，它往往和叛逆、不听

话、早恋等在大众固有思维中认定的不太好的词语联系在一起。如果家中有孩子，在这个时期，很多家庭会陷入一种手忙脚乱的状态，家长不知道怎样和孩子沟通，孩子有事情不愿意和家长说。如此这般，不仅影响了亲子关系，也不利于孩子的成长。

1. 咨询、个案、小组，步步积累

在社工进驻学校的两年时间中，通过日常接触观察和"社工留言箱"收到的学生信件，都给我们一个讯号：现在五、六年级的学生已经开始进入青春期，他们察觉到自己和同伴们某些身心的变化，渴望了解更多，却因为师长们的避而不谈或谈之色变而求助无门。于是，许多青春期适应不良的情况频频出现。

最初的时候，社工根据留言箱的信件和主动上门求助的学生通过书信往来、咨询或进行个案辅导，协助不同情况的学生适应青春期变化。随着工作的逐步开展，社工与学生建立了良好的信任关系，并给予他们有效的支持，于是，主动求助的学生越来越多，也出现了以前的咨询对象介绍同学前来咨询的现象。学生们的困惑多集中在"想知道"如何应对自己身体变化和对异性同学的"欣赏"等问题上。

面临越来越多的需求，社工该如何回应？继续辅导一个接一个有类似疑惑的学生，还是直接进入班级开展青春期教育课程？面对这些情况，两种方式在当时的状态下都不能更好地服务到有需求的学生：一方面，工作人员有限，类似的咨询会占用很多的时间；另一方面，班级青春期课程在学校是一个创新，需要让校方逐步了解，社工也需在进一步评估的同时，提升自身驾驭能力。

综合以上情况，社工在充分讨论之后，决定先以小组的方式进行初步探讨。借此机会，社工可以通过小组成员的讨论、与老师的沟通等方面了解到更多学生青春期的困惑、需求和对知识的理解、接纳水平，为开展广泛的青春期教育做准备。同时，小组亦是对组员的一个全面深入的影响过程。因此，2009年下半学期，社工在五、六年级开展了三个"我的青春我做主"小组活动，有两个女生小组、一个男生小组。小组创设的安全、积极的氛围使组员们可轻松、自由地讨论青春期的困惑，分享成长的经验；在社工科学、正面的引导中，组员们也更清晰地了解到青春期身心的变化，提升人际交往中保护自己和尊重他人的意识。

2010年上学期，由"我的青春我做主"小组发展出的"大女孩"小组继续开展活动。"大女孩"小组更多地侧重于人际交往能力的学习和发展，包括全面认识自我、学会欣赏他人，与同性朋友及异性朋友的相处方式等。小组活动通过分享、练习，重点培养了组员"宽容"与"尊重"两种品质。

2. 班级成长课——共创成长路

四个小组活动开展下来，社工对五、六年级学生青春期的需求情况有了更准确的把握，学校也逐步认识到社工介入学生青春期教育的成效和必要性。为了保证青春期教育今后在学校的延续性，也为了更多地整合资源，社工站主动与心灵花园工作站志愿者及学校心理老师讨论合作。到此，学生成长需求、社工经验积累、校方认可与支持、资源广泛整合，几方面因素都已基本具备，社工站主导开展的五、六年级青春期班级成长课，于2010年6月在汶川八一小学五、六年级共七个班，全面试行。

成长课的设计借鉴了香港家计会性教育课程，并结合内地山区该阶段学生的知识储备水平和认知特点，课程由浅入深一步一步编排，通过观看视频动画加社工讲解的形式介绍，包含生理变化、心理变化、人际交往三个核心内容，着重引导学生科学而全面地了解青春期的过程，并学习如何在逐步接受和适应的过程中成长。

八一小学的班级划分较为特别：五（1）班和六（1）班是走读班，

主要是离学校较近的镇中心的孩子；其他班级则是住校班，学生多来自较为偏远的村落。这样的安排主要为了方便班级和宿舍的管理。在成长课的开展中，社工发现这两种班级的情形有很大不同。五（1）班的学生对成长课表现出很期待、很兴奋的态度，不会太害羞，会认真地观看视频和听取讲解，各种提问层出不穷。其他班的学生则很羞涩，羞于看视频，也不积极回应社工的讲解。然而，不少学生也在反馈表中问一些问题，还表达想知道一些知识点及自己在应对身体及心理变化方面的困惑。这两种截然不同的班级反应并非偶然，社工在自我反思的同时，主动与老师和学生沟通，结果发现镇中心的孩子有更多的通过网络、电视、书籍、朋辈引导等各种途径接触性知识的机会，很多孩子对性都有不同层次的认识。由于这些知识多数来自于非正常渠道，因此，他们想从社工的介绍中了解更多，解答他们的困惑。相反，偏远村落的孩子生活环境相对简单，了解性知识的机会也就少很多，他们一方面对此羞于启齿，另一方面又有很多青春期的困扰期望得到解答。鉴于两种不同的班级情况，成长课做出了一些相应的调整。对于活跃、兴奋的五（1）班，社工在课堂上结合视频给予他们及时的讲解和引导，侧重于引导健康的性观念，避免通过不良途径接触性知识甚至发生性行为。对于课堂反应消极而实际上又渴望了解多一些青春期知识的其他班同学，社工放慢了课程速度，讲解也更为浅显易懂。在知识讲解的过程中，社工注重让孩子们学习在日常生活中如何自我保护，防范骚扰和侵害，这对于住校生和偏远村落的留守儿童来说是极为重要的。

青春期成长课程已经全部结束，社工也分别从老师、学生和家长三方面对课程的效果进行了全面的评估。通过评估了解到，学生通过这样的渠道了解到的青春期知识以及接受态度和行为方面的正面引导，使得学生能更加积极地面对青春期身心的变化，了解男女生之间的差异，认识到对异性的好感是正常的，并用积极、友好的方式相处。同时，在反馈中，他们也针对课程安排提出了建议，这些建议成为优化我们课程的宝贵资料，使得我们的青春期成长课程更加适应此时此地的需要及要求并起到更好的引导作用。

孩子的青春期离不开家长和老师的陪伴和引导。因此，社工将借青春期成长课收效良好的机会，与部分家长和老师就青春期的话题进行更多的交流和分享，提升他们对孩子青春期教育方面的重视程度和辅助能力。相应的家长工作坊和教师工作坊正在评估之中。

实务手记之三："至情至性青春期教育小组"

——驻校青少年社工服务分享

翟振良

"阿 Sir，在学校附近有避孕套自动投币机，你有没有玩过？好不好玩啊？"——某次在学校篮球场外展的时候，一位男生问我。

"有一次撒尿的时候，我偷偷看了旁边的同学，他的'小弟弟'比我的大多了，我是不是性无能，以后会不会生不了孩子？"一名男生急切地问我。

"通过书籍以及上网了解性知识，老师没有教过我，我是自学成才的，家里人没有跟我说过这些事情，他们都很避讳。"——某次在学校社工站与同学的交流中谈及同学们了解性知识的途径。

"我发现班上有两名男同学，他们经常搂抱在一起，并会做出一些猥琐的动作吸引班上同学的注意力，你们有什么方法帮帮忙吗？"初二年级的一位班主任对班上的这两名学生十分头疼，希望我们能够帮忙她解决这个问题。

……

广州市赤岗中学是广州市一级中学，现有初中三个年级24个教学班，教职工93人，学生1100多人，生源以海珠区东部赤岗、江海地区学生为主。学校重视加强学生的心理健康教育。经过与学生的交流我们发现，恋爱及异性交往是同学们日常生活中最喜欢讨论以及讨论得最多的话题之一。体育课自由活动时间、课间的 10 分钟、放学后在操场上，经常能看到男生三五成群地在聊自己喜欢的异性、周末与女朋友去了哪里玩、某个男生又与某个女生在一起了等话题。与老师沟通后我们了解到，青春期恋爱在学校中已经较为普遍。

为了进一步深入了解，社工采用访谈的方式对初二年级的个别同学进行了恋爱方面的调查，结果发现，虽然他们才初二，但是已经有过多次恋爱经历。处于青春期阶段的他们，其实对"恋爱"的定义并不明确，也很难分辨"喜欢"与"爱"，但是过早的恋爱行为在某种程度上已经让他们的心理受到伤害，采访的同学中有部分表示不会再相信恋爱中的甜言蜜语和承诺，对于未来的爱情也抱有消极的态度。这些过早的恋爱经历对处于青春期的他们来说，更多带来的是苦涩和内心的伤痛，老师和家长反对青春期恋爱也使他们无处倾诉内心的想法，无法在处理异性关系中遇到困难时及时得到引导。另外，有的学生表示，在恋爱中男方甚至已经向他们提出性要求，生理上第二性征的发育、性的懵懂也让他们需要性教育方面的引导。

目前，国内的性教育还是比较缺乏的。从家庭角度看，家庭是青少年学习性知识的第一环。然而，家长在传授性教育知识的时候总是显得遮遮掩掩，并将教育的责任推给学校，这是不负责任的。当然，这也和传统思想对性的避讳不谈有关。但是家长始终是学生的首要教育者，当学生问起性知识时，家长的回避态度只会使孩子的兴趣更浓厚，导致他们刻意去留意相关的知识，而不管那些是否正确，这时家长的教育者角色就失去作用了。从学校的角度看，学校在性教育方面的功能还是没有发挥出来。首先，学校有一定的课程压力，升学任务的繁重已经使得学校喘不过气。在性教育方面，学校只在生理课中简单地带过，而且学校没有专业的生理教师，不与学生深入谈论性教育方面的知识，甚至有部分同学反映有些老师只把性教育的小册子派发给同学自行查阅，没有任何的引导。这也是一个不能忽视的问题。

这种状况正好为学校社会工作的介入提供了一个良好的机会。学校社会工作者有自身的优势，能在这方面发挥自己的所长。相对传统的教师而言，学校社会工作者更加贴近在校的学生。无论在自身的定位、沟通的方式还是沟通的内容上，学校社会工作者都有其独特的长处。在这类教师认为尴尬的话题上，社工能够更深入地与同学们进行交流，从而引导他们正确地了解性知识。

1. 小组活动的两个阶段

"至情至性"第一阶段：撇开羞涩，放开心扉去谈性。

在小组活动开始之前，工作人员在中学内宣传并招募小组成员。通过社工与报名者的面谈并进行评估后，最终从报名的30多名同学中选定了8名组员。由于性这个话题对于同学们来说既神秘又拘束，因此在小组的前一个阶段，主要是采用了破冰的模式进行。在这一阶段，社工分别以"七嘴八舌谈谈性""不是秘密的秘密""健康性，健康我"为主题开展了三节小组活动。一方面，营造了一个轻松并且安全的环境，使组员能敞开心扉去谈性，并使组员之间相互了解了各自对性的认识，建立了良好的小组互动关系；另一方面，令组员们了解到性并不是一个尴尬的话题，而是一个十分重要以及健康的知识。这种轻松的互动方式，让组员了解到原来身边有如此多的同辈关心这方面的知识，自己并不是"异类"。在互动的同时，社工的引导和分享也使组员们意识到了解性知识并不等于"色"，健康的性知识有助于未来的生活。

"至情至性"第二阶段：保护自己，对不合理、不成熟的性要求说"不"。

在前三节的小组铺垫后，社工与组员们一起探讨和讨论更深入和具体的性知识，其中包括"男生必须要知道的四个生理秘密""善待性冲动"

"避孕方式大家讲""爱情不仅仅在于性爱"等主题。在小组中，社工以他们喜闻乐见的形式作为载体，通过电视剧或电影的某个情节和场景引入话题的讨论，除此之外还通过唱歌、绘画、是非判断等方式介入，力求以这些生动、情境化且符合青少年审美和喜好的方式为载体，使同学们更容易理解性知识。社工在本阶段主要充当教育者以及推动者的角色，在讲解组员们感兴趣的知识的同时，协助小组组员更快投入小组的活动，促进小组之互动，带领组员分享自己的意见和感受。由于在前一个阶段已经建立了一个良好的信任关系以及轻松氛围，组员们都十分乐意分享自己在本阶段各个主题中的看法和认识。

2. 小组过程中遇到的问题

回顾一个多月来的小组活动，当中还是遇到一些问题。其中最突出的就是组员们对性知识疑惑较大，有各种各样关于性知识的问题想请教社工，小组往往会延后结束时间。由于本次小组活动以讨论的模式为主，因此当工作人员抛出一个主题时，组员们就会想出各种稀奇古怪的问题。而参加的组员们都是第一次较为公开地接触性知识，之前对性知识的了解并不多，因此很多的问题都需要工作人员慢慢去解答。正因为如此，本次小组对社工的知识面要求较宽。为了满足组员们的求知欲，一般情况下，社工都会在小组活动开始前准备两三页相关的资料。此外，当组员在小组中谈及该节小组以外的性知识时，社工会让组员暂时放下，在小组结束后再详细解答。这样，在满足组员们求知欲的同时，也不会拖延小组的结束时间。

3. 活动成效

在最后一次的小组活动中，社工一边对整个小组活动进行分享、回顾，一边让组员们进行相互之间的分享交流。组员们对本次的性教育小组认同感相当高，并希望以后还能继续举办这一类的小组活动。"为什么这么快就结束了，能不能多开几节？"一位组员兴奋地说。在小组活动进行的过程中，组员们也一改在第一节中对性羞答答的态度。"其实说是小组，但是我在这里了解到的知识，都会与班上要好的同学分享。"其中一位组员自豪地说。在活动结束后，社工也会与班主任进行交流，反馈组员在小组中的表现以及后续的跟进。"你们的小组挺好的，每一节结束后，我都会问那两个孩子学到什么，他们都会和我兴高采烈地分享。他们在班上的一些行为习惯也有一些改变了，没有听同学们怎么投诉他们了。真的谢谢你，下一个学期还有没有这样的小组呢？"初二年级某班的班主任与社工分享了自己对本次小组的看法。

4. 学校社工推动性教育在学校中的开展

性教育现在没有在中学以及社会上得到很好的开展，而学生对此的需求十分大。学校社工在学校中能够更为贴近学生的生活，与学生建立起良好的互动关系，也能开放地与学生谈及这方面的知识。因此专业社会工作作为回应社会需要、解决社会问题的一种工作方法，应当在学校性教育中发挥自己不可替代的作用。为学生提供正确的性教育知识，满足学生的要求，缓解学校开展这方面工作的压力，是专业社工重要的工作之一。性教育的优劣直接关系到青少年的健康成长、家庭的和谐，间接影响学校工作的开展、国家未来的发展。因此，关注社会的和谐，关注学生未来的发展，就必定要关注性教育在学校中的开展。

然而，学校社会工作模式介入到初中生的性教育中，看似效果不错，但是工作当中并不是一帆风顺。毕竟，学校是一个完整的系统，学校中的每个人都扮演着一个重要的角色。当学校社会工作者要在学校开展这一类工作时，面对的困难也是不少的。在进入到学校这个系统后，学校社会工作者的角色就是校方的合作者，完成自己工作的前提是不能影响学校的正常运作，因此活动前后的行政工作往往会比活动的开展更为繁重。例如行政上的沟通、活动策划的通过、课件以及教案的准备、与校方的反馈工作等，这一系列工作都是必不可少的。

总的来说，学校社会工作模式介入到初中生的性教育当中，任重而道远。

实务手记之四：与小组、个案配合，在班会中开展的青春期教育

黄庆君

1. 社工，青春期教育？

在青春期教育的班会课上，我曾发现一个有意思的现象：一样的班会活动工作纸，任务是写出青春期中生理变化的部位、内容与困扰。对此初一与高一的学生圈出的部位和写下的内容差不多，但不同的是，高一的学生会大胆地甚至有点恶趣味地用日常生活化的词语去表达，而初一的学生则是很正经的书本上的名词。在这其中，我看到现在学校的教育逐步开明，让学生能够在生物课上获得青春期生理基本知识。但同时，现在的初中生尽管比以往任何一个年代的青少年都懂更多有关性或青春期的知识，但对性的价值观尚未形成，对于青春期中的人际交往更是存在很多疑惑。他们对待性有着暧昧不清的态度，面对异性交往则处于"发展前途"与"爱的满足"的两难选择困扰中。与此同时，由于管理班级需要权威与民主结合，知识教育的面广还要讲求方法的引导，因而在性教育、异性交往等青春期教育的主题上，老师常处于一种较尴尬的位置——青春期教育之必要与把握教育尺度之困难。因此，在说到青春期教育的时候，许多老师和中学生首先联想到的是性教育、异性交往。而这些现象让我更清晰中学生与老师们的需要，同时，这也正是社工需要介入与补充的着眼点。

2. 班会课上说青春期教育？

在学校社工服务的实践中，我们常常能发现，很多老师都乐于接受班会的活动形式——老师们不用为挑选个别同学参与小组而困扰，且能让每一位同学参与，也便于班级管理。

而从青少年成长与发展的阶段特点来看，青少年在青春期中，朋辈对于青少年有着异常重要的地位。他们不仅能够及时地给予青少年个体行为与形象直接的回应，提供青少年实践个人价值观的场所，同时，更给予了青少年支持，满足了青少年社交、自尊的需要。而班级，对于青少年来说，是青少年日常生活的重要环境。因此，在班会中学生与朋辈共同探讨所感兴趣的话题，共同交流观点，能够最直接地给予青少年启示与冲击。

然而，进入青春期后，男女生在开始关注异性的同时，更关注个体的独特性，自尊感进一步提升。那么，是否适合在班会课上说青春期教育？特别是性教育的部分，是否适合男女生同堂探讨分享？对此，我曾听到不同的声音。从老师们的角度来看，有的认为避免了老师进行日常教育以及以班级管理者的身份去进行此方面教育的尴尬，还有的会忧虑社工的开放、包容态度将与学校教育产生冲突；从学生的角度来看，有的是坦然、大度地接受，表达出极大的欢迎态度，有的则会感到害羞，甚至有学生说过"能不在班会课上说这个吗？感觉很恶心"。因此，从不同的声音中，我们会发现，开展青春期教育班会课的重点不在于班会课的形式，而在于青春期教育的内容。

3. 教什么？

在与同工的交流和自己的实践中，我对青春期教育内容的最深刻体会有三点：一是"与学校教育相配合"，二是"传递健康的态度"，三是"与其他青春期教育方式相结合"。

在当下，越来越多的学校注重青春期教育，老师的心态更放开，校园对青春期的讨论也更包容。因此，在进行青春期教育的班会时，我们需要了解学校的青春期教育的状况。例如，有的学校在生物课上，老师会教给学生许多青春期基础的生理知识，如生理变化的内容、正常生理现象等，那么社工在班会课上就不需要过多地重复这方面的内容，关注的也不仅是这些基础知识的掌握，而是掌握这些知识的意义与运用；同时，班会如若只是一次性的活动，没有其他相互配合或进一步的安排，也应考虑降低主题的敏感度，减少后期可能产生的不良校园反应。这也体现了学校社工服务与学校教育相配合的原则。

传递健康的态度，首先是指在教育的过程中，性知识的教育并非为了满足个人的生理需要，而是让学生在认识自己的基础上获取自我的安全感，并学会自爱与尊重他人。并且，个人对青春期的认识、态度也影响着他在人际交往中的立场与责任。面对青春期的话题，不能简单地回避、否定或全盘地接受，而是需要明白个人的能力与责任。因此，在班会课上，首先，教授的不仅仅是性知识，还应有性的自我保护；不仅是认识异性交往中的误区与不同的心理状况，还应有异性交往背后的责任；传递的不仅是知识，而更多的应该是其背后的意义。同时，我们也更愿意让学生讨论、发表不同的观点，让学生在其中思考不同态度下的结果，让他们明白，每一次选择，都会有与自己切身相关的结果。其次，传递的则是社工对青春期的态度。一位经验丰富的同工曾经分享："青春期教育，作为社工，一个十分立体的形象，首先需要自身放开心态。如果社工自身也很紧张，或表现出畏缩、躲避，那么就在传达着一种讯息，性是一种该避忌的东西，这样的话性教育对学生来说实际上是没有说服力的。"我在服务中对此也深有体会，在有原则的开放态度下，学生往往能更从容地思考、讨论问题。

最后，正如前文所提及，班会课需配合学校整体青春期教育的安排进行敏感度的选择。然而在班集体中，学生的异质性较大，个体的需要更是层出不穷。因此,在班会中的青春期教育往往为引导性的思考与学习,它更需要通过小组、个案等形式的相互配合,更深入地协助学生建立正确、健康的价值观。作为一名校外支援的社工,在服务的实践中会发现,没有其他形式配合的班会有影响而难深入。而当我在班会的基础上开展小组、个案活动时,小组与个案活动的开展往往会更顺利,学生对青春期的认识也更具体。一方面,社工与学生的基础关系在班会中会得到初步的建立,另一方面,借助班集体的整体影响,参与小组、个案的学生也能够得到更多的小组、个案以外的同辈支持。因此,可以说,班会是点亮学生青春期教育的灯,而更多形式的服务则是更形象的路,灯照亮整体与指引,路在踏实地引导。

二 社区环境中的青春期教育

实务手记之五:潮流元素碰撞青春期教育
——以在社区开展"恋爱大富翁"活动为例

郑泳诗 萧敏静

青春期教育是青少年社工服务中重要的一部分。顺德启创容桂"飞扬地带"青少年专项服务以"三校一社区"的模式,利用"学校—社区—家庭"三位一体的介入方式开展服务。那么,如何在这样的模式下更好地策划适合社区环境的活动呢?下面以容桂"飞扬地带"项目开展的"恋爱大富翁"活动为例,进行简单分享。

1. 青春期教育从学校向社区延伸

在学校为本、社区支援的情况下,青春期活动在学校开展具有得天独厚的优势。第一，在中国内地学校，青春期教育相对落后，青少年性知识薄弱，媒体经常曝光青少年未婚先孕或学校学生时有发生的出格行为，由此学校方面比较支持作为第三方的社工在青春期教育方面的工作；第二，在学校行政系统下，更容易组织适当数量、条件的学生参与活动。如开展小组活动，班主任可协助推荐符合条件的学生；开展班会，社工可与相应班级班主任协调时间，确定在某一个班级开展；开展年级或全校等大型活动，社工可与学校领导商定活动是否开展，如要开展，学校则组织相应的学生参与。得益于以上原因，青春期教育主题活动在驻校社工服务中有充分的发展空间。经过三年的本土服务探索，容桂"飞扬地带"在这方面的服务已经取得一定的成效，并初步形成品牌效应。但作为驻校服务的补充及支援，在社区里开展青春期教育服务也是非常必要的。在容桂街道9所中学里，仅有一所初中学校和一所职中学校有驻校社工服务，如果仅在这两所学校里开展青春期教育活动，覆盖面显然是不够的。此时，社工在社区开展服务，能弥补学校青春期教育覆盖面不足这一缺憾，通过社区服务向更多青少年普及青春期知识，甚至从中发现个别有需求的青少年，鼓励他们参加更有深度的活动或对其进行个别辅导。

2. 社区青春期教育之特点分析

虽为同样的主题服务，青春期教育活动在社区开展与在学校开展有着不同之处。在社区开展青春期教育有以下特点。第一，青少年群体的复杂性。在社区的环境中，青少年年龄跨度大，他们大多来自于不同的学校，拥有不同的教育背景。当开展针对性较强的小组活动时，组员就需要在性别、年龄、面对的情况等方面具备相似的条件，而在社区中具有相似条件的组员能构成足够开小组的人数，却存在一定的难度。第二，青少年参与积极性低。目前，他们正处于青春期敏感阶段，对于参加带有"爱""恋""情"等字眼的活动有一些敏感。对宣传中涉及这些字眼的活动，他们报名参加的积极性不高。同时，如果没有学校行政性压力，当有此类活动时，青少年们往往不会选择参加。第三，在目前的青春期教育中，面向青少年的以活动为主，个案、小组形式为辅的服务较少。社区社工能接触到青少年的时间一般仅有周六日（青少年周一到周五的时间一般在学校），社工对个案的发掘以及跟进都存在一定的困难，而青少年主动求助的机会也较少。由于社区的青少年往往来自不同的背景，如开展小组服务，一方面小组成员的同质性较低；另一方面，小组一般是6~8节，持续的时间为6周以上，这使得维系小组成员参加活动的难度加大。成员们往往因为小组的持续时间过长，不能坚持参加小组活动，因此在社区开展小组活动存在一定的难度。基于以上的原因，一次性的活动无疑是最合适社区开展的。因此，社工在社区中开展青春期教育，在进行活动设计时，要加入青春期性教育元素且要避开青少年敏感的字眼，同时活动形式要有趣、新颖。只有这样，才能吸引到好玩、新潮的青少年参加。

3. 潮流元素融入社区青春期教育

在日常与青少年的接触中，社工发现部分初中生会有一种"人有我有"的心态，这导致一部分初中生往往会出现随便找个同学做自己的男/女朋友"的跟风现象。当社工问及"恋爱是什么"的时候，他们通常回答不了。此外，部分高中生对于"恋爱"则表现得很随便，经常1~3个月便换一次"男/女朋友"。从这些现象可以看出，青少年对于"恋爱"的定义并不清晰，也很少思考是否应该与他人恋爱、应该在何时恋爱以及与什么人恋爱的问题。他们也很少会思考恋爱中的双方应该承担怎样的责任等问题。针对这些情况，社工设计了"恋爱大富翁"活动，这也是社工在社区开展新颖青春期教育活动一种尝试。

活动以"大富翁"棋盘游戏的形式进行，青少年分为4组，每组轮流掷色子。当遇到"命运"或"机会"卡时，则可以在"1~9"数字里选择一个数字，对应数字里有一个情景，如果情景描述是正面的则前进；如果情景描述是负面的则后退。如选数字"2"，情景为"一入豪门深似海，徐子淇嫁入豪门沦为'生子机器'。先诞下两千金，饱受公公压力"。后退三步。每道题目后面附有引导青少年反思的关键字，例如"恋爱的原因是什么？嫁入豪门就一定意味着幸福快乐吗"，等等。如选数字"6"，情景为一同龄人的匿名信："你好啊，我今年高三，准备参加毕业考，我读书都挺认真的，不过最近有个我很喜欢他而他也很喜欢我的男孩追求我，真的好矛盾，怎么办？不过我想先考完试，再看看两个人是否还有感觉，现在先以学习为重。如果他真的爱我的话，是可以等我的。"因为本情景思考问题全面，可前进3步。如选数字"7"，情景为"许志安与郑秀文复合"，经历20年的分合，他们最终走到一起，是难得的真爱，因此可前进5步。最后，经历各种"命运"或"机会"，最早走到终点的一组为胜出。

青春期是人生的重要时期之一，能否完成青春期特定的成长任务，对青少年有着重大的影响。青少年时期的主要任务是"发展角色的同一性"，其中一个表现就是开始寻求自己在社会中的角色定位，而这需要青少年增强对自身成长情况的认识并能够去适应，从而消除因这些转变而带来情绪上的不安和焦躁。"恋爱大富翁"在活动中融合了时下青少年群体中流行的桌游（桌面游戏）"大富翁"，以及明星的娱乐新闻、同龄人的匿名信、网络视频等新潮的元素，以"5W1H"的方法（Who、Why、When、What、Where、How）引导青少年学会思考：谁是合适自己的对象？为什么要恋爱（人有我有 - 好奇 - 解闷）？什么时候才适合拍拖？爱究竟是什么（尊重、理解、包容、体谅）？什么地方才可以遇到真爱？什么是与伴侣的合适空间？如何去爱？（爱需要互动，需要用心经营，加上认真的承诺、负责地去爱）……该活动打破传统的课堂教授形式，让青少年在轻松自然的氛围下了解青春期男女在相处中可能遇到的情景及做法，带领学生建立如何正确看待恋爱的思考框架。

4. 在社区开展青春期教育经验总结

这个充满潮流元素的"恋爱大富翁"活动受到了青少年们的欢迎，社工在活动结束后的分享中也了解到青少年在游戏过程中有所反思。通过策划、开展这个趣味活动，社工也有所反思：如何在社区更好地开展受青少年欢迎的青春期教育活动？我们发现，作为一个青少年服务方向的社工，可以尝试把自己装备成一位"潮人"。"潮人"顾名思义是当一个引领潮流的人，这个"潮人"无需在外表上追潮流，却应当在思想上追潮流。首先，让自己学会与青少年为友，及时了解青少年在青春期教育上的需求，把握工作方向；其次，了解青少年的兴趣爱好，如青少年喜欢的桌游、网游、明星、歌曲、电影等，进而将青少年的兴趣、爱好融入到服务当中。

实务手记之六：社区儿童亲子性教育探索

林　琳

除了家庭和学校外，与少年儿童生活紧密联系的环境就是社区了，社区是儿童成长的另一个重要场所。社工在社区服务中，除普通的服务外，也要关注儿童性教育问题。

1. 社区儿童性教育需求明显

在社区家庭综合服务中心工作后，我接触了很多社区的孩子和家长，身为社工的我渐渐了解了他们对于性教育的需求。

首先，儿童主动表达对性健康知识的需求。第一次了解到孩子的需求，是他们主动向社工提出的。有几个 11 岁左右的女生，经常问我怎样处理青春痘、月经、胸部发育等第二性征发育的生理现象。我好奇这些知识学校的生理课不是有教吗？经了解才知道，其实学校的生理课一学期才一节，老师说的内容很简单，只是告诉学生有什么变化，但孩子们更想知道的是怎样应对这些变化。同时，儿童也会经常聊起与异性同学的相处，偶尔会以玩笑方式取笑两位异性同学之间存在"爱情"；他们还会询问社工怎样才算"喜欢一个人"。社区儿童性教育需求很明显，目前学校关于青春期的教育仅限于生理知识，而且并不深入，不能满足儿童的需要。此外，在性教育与安全方面几乎没有涉及。因此，社工在社区开展儿童性教育是对学校生理教育的一个必要补充。在社区中，社工能够通过小组、个案等私密性更高的方式开展性教育，在更为深入的知识学习之外，让儿童更容易接受。

其次，家长对于性教育无从下手。发现孩子的需求之后，社工也开始尝试与家长沟通孩子性教育的情况，家长们大都表示不知道如何帮助孩子应对青春期的生理变化。他们也非常关注孩子进入青春期后的性教育和安全问题，不过他们感到很苦恼，不知道如何进行性教育。不仅女生家长紧张如何进行性教育，在看到不断涌现的孩子性安全遭到威胁的新闻后，男孩的家长也开始关注性教育。甚至有位幼儿园的家长也表示希望能对女儿进行性教育，但苦于没有合适的方法。很多家长表示意识到需要对孩子进行性教育，但总感觉突然对孩子提性教育不合适，可又不知道如何创造合适的机会。于是，社工发现了家长在性教育方面的需求。解决家长的苦恼，也是社工在社区开展性教育的目标。社工希望借此为家长面向孩子进行性教育提供一个平台和契机。而且，让家长参与儿童的性教育，能够把教育内容和效果渗透到家庭性教育中，更容易达到教育目标。

2. 社区亲子性教育服务的尝试

既然家长和孩子对于性教育都有同样的需求，社工便开始尝试如何以合适的方式在社区开展儿童或亲子性教育。在充分收集和整理亲子的需求后,社工决定在社区内尝试通过小组形式开展亲子性教育,对象是10～12岁儿童及家长。社工收集了关于性教育方面的材料,征求了社区健康医生的建议,完成了小组的设计。小组内容涵盖了第二性征发育生理健康知识和性教育两大部分。

社工设计的小组活动是以亲子形式进行的,每个环节家长都陪着孩子一起参与。社工希望通过开展亲子小组,让家长参与到孩子的成长过程中,建立更亲密的亲子关系,帮助家长更好地对孩子进行性教育,以保障孩子的身心健康和安全。

小组活动以亲子形式开展,家长与孩子在同一个小组中一起学习健康知识和性知识。在第二性征发育生理健康知识部分,社工邀请了社区医生协助完成。在这部分小组活动中,社工邀请医生向亲子讲述了性器官发育的生理变化以及该如何面对身体变化带来的生理和心理影响,引导孩子坦然面对身体的变化,对此不要感到羞涩和自卑,因为随着时间的推移,身体的发育会趋向有活力、健康。小组活动中,医生带领亲子一起了解乳房发育、体毛、月经、声音变化等生理知识,同时也邀请家长分享自己成长过程中遇到的困惑,增强了亲子间成长经验上的联系。这样的设计能够帮助孩子更好地认识自己及成长的变化,家长参与其中也能够引起其关注孩子成长的变化,让他们意识到陪伴孩子度过人生特殊时期并适时提供帮助的重要性。此外,这部分小组内容私密性高,因而能很好地帮助家长与孩子建立亲密的亲子关系,为后面的性教育做好铺垫。

如何对孩子进行性教育及如何帮助孩子预防性侵犯是家长感到无从下手的部分。在小组活动中,社工引导家长和孩子分别制作自己的"社交圈",然后亲子间互相分享,了解彼此的人际交往圈。同时,家长和孩子在相应的"社交圈"内填写合适的交往接触方式,如亲吻、拥抱、挽手、握手、抚摸、搭肩、职业触碰等,引导孩子用正确的行为方式与他人交往，学会区分自己与身边人的亲密关系，掌握基本的判断方法，预防性侵犯。此外，社工及家长适当自我披露，能帮助孩子更直观地了解亲密关系和性行为发生的范围。通过"社交圈"的分享，家长能够了解与孩子接触的人群甚至具体人物，帮助家长了解孩子的交友情况，能够有效预防孩子遇到性侵犯。同时，孩子也可以了解家长的"社交圈"，清晰定位自己身边的"叔叔""阿姨"，学会用合适的态度和方式对待他们，预防熟人的侵犯。最后，小组还带领家长与孩子商量如何处理他人的不合适行为接触，让孩子掌握基本的求助办法。

有家长在小组中反映女儿10岁了，还会在他面前脱光衣服，自己每次都告诉女儿不好，但下次女儿还是照样脱，自己不知道有什么方法可以让女儿注意。在参加了小组活动后，家长抓住机会在家继续跟女儿探讨小组中的知识，进一步引导女儿了解如何在异性面前举止得当，即使是最亲密的家人也要注意保护自己的隐私部位。从此，女儿不再出现这种情况了，她也开始注意与他人的相处方式，知道如何保护自己的身体免受侵犯。

3. 社区儿童性教育的反思及建议

亲子性教育小组的成功开展，收到一定的成效，但亲子小组的形式需要时间比较多，人数也比较有限，难以满足社区大部分儿童及家庭的需求。在做社区亲子性教育小组过程中，社工了解到家长对于性教育的关注，主要是由于社会上关于儿童遭受性侵犯的负面新闻不时出现，家长都表示很担心自己的孩子遭遇不测。此后，社工在服务过程中会更主动了解社区儿童的性教育情况，了解孩子和家长的更多需求，继续思考如何能够更好在社区开展儿童性教育。

根据中心目前服务的情况，我们认为针对社区儿童性教育可以尝试开展普及性教育知识的活动或工作坊。通过社区家庭综合服务中心的平台开展工作坊，可以让更多社区的家长和儿童参与，在社区更大范围内开展性教育，以满足居民需求。

此外，社工站也可以尝试购置性教育方面的书籍、音像制品，制作宣传手册等媒介，在社区内开展大范围的儿童性教育宣传，达到开展社区儿童性教育活动的目的。

最后，社工站还可以尝试进行儿童性教育与性安全的社会倡导。儿童性教育问题不仅是家庭的问题，还是一个需要社会关注的问题。社工站可尝试联合家长、社会组织、学者等对儿童性教育进行社会倡导，呼吁社会关注儿童性教育，预防儿童性侵犯，保护儿童性安全，通过社会倡导来促进社区、学校、家庭开展儿童性教育活动。

三 相关个案分享

实务手记之七：一个 13 岁的"未婚先孕"少女

黄 丹

青少年未婚先孕，在今日的社会是一个严重的社会问题。近年来，每到寒暑假，到医院做人流手术的初中生、高中生、大学生人数逐年增多，平均年龄也在逐年下降，甚至出现"小学生生子"或者"初中生校园产子"这样的新闻事件。所有的这些现象无不表明，不健全的性教育带给青少年错误的性知识，导致他们可能进行不安全的性行为，由此带来诸如未婚先孕、早孕堕胎甚至性疾病等性伤害恶果。未婚先孕的少女经常会出现羞耻、焦虑、忧郁、紧张或恐惧的心理状态，没有足够的休息和营养，使其身心健康受到损害。

对于这样的青少年，她们急需得到专业人士的援助。社工特别是青少

第十一章 实务手记——青春期教育服务经验谈

年领域的社工,在日常的工作中,也经常会遇到类似的个案。这类未婚先孕的个案,往往较为错综复杂,也常常包含着有关隐私保护等专业伦理的问题,需要社工去处理。在下文中,笔者将以一个个案来进行展示。

小妮(化名),13岁,初一学生,来自单亲家庭,与母亲同住。4个月前,她认识不明身份的17岁社会青年,很快就开始"拍拖",并多次发生了性关系。知道她怀孕后,与其"拍拖"的男生失去了联系。她来见社工的一个星期前,刚刚做了堕胎手术。第一次见面,她的情绪非常低落,却还要装出一副乐观、坚强的样子。她对自己刚刚堕胎这件事情不是太在乎,却对"男朋友"的无故失踪及表现出来的绝情冷漠感到痛苦。她来见社工,就是为了"挽回男朋友的感情"。在面谈中,她要求社工一定要为她保密,否则就拒绝辅导。

这是一个令人心痛的个案。首先,对于"堕胎"对她身心的伤害及可能带来的影响,她并不清楚也不了解。她见我的第一天,离"堕胎"不到一个星期。在气温摄氏十三四度的广州秋日,她穿着超短的短裤短衫,还满不在乎地喝着一大杯冰冻的可乐。在社工与她的面谈中,她说从小到大,从来没有人和她讲过"性"方面的知识,甚至在怀孕前她也不知道孩子具体是如何受孕的。另外,关于"性关系",她也缺乏清楚和独立的判断。她认为在两性关系中,女性是要"顺从"男性的,"性"对于她来讲,是用来交换男朋友的关注与所谓的"爱"的筹码。她说第一次发生性关系是在男朋友的强烈要求下发生的,当时他说"你不给我就是你不爱我,我就要离开你"。在极度害怕失去男朋友的情况下,她同意与男友发生性关系。虽然在性关系中,她并不能体验到快乐和温暖,但为了维持男朋友与她的关系,她还是多次与男朋友发生性关系,并最终导致怀孕。在这段恋爱关系中,很多时候男朋友给她的关心和注意更多的是她从小就缺失的"父爱"的替代。她的原话是这样的:"从很小的时候开始,我就很少能够见到我的父亲。我一直都很想知道所谓的父亲、父爱应该是怎么样的。再大点的时候，我就发现自己经常被比我大的男人吸引。虽然我知道我的男朋友不帅，对我也不怎么好，但我觉得和他在一起比较温暖。"这个个案从侧面折射出家庭关爱的缺失对于青少年性心理的健康成长会带来一定的影响，也反映出我们学校、家庭正确的性知识教育的极度缺乏。此外，该事件还反映了性教育不能只是包括性知识的传达，也需要渗透正确的关于性的价值观念。

在这个个案中，社工也一度遭受到社工价值观念及法律底线之间的伦理困境。首先，个案事发时，案主才13岁，根据我国法律规定，未满14周岁的幼女与人发生性关系不论是否自愿都视为"强奸"，那么在这个个案中，"男朋友"已经触及了刑法；其次，案主已经明确表示需要社工保密，如果泄密会不会有违"保密"的原则？最后，案主初次接触社工，在关系未稳固之前，如果贸然将事由告诉其家长，会破坏专业关系，很有可能导致接下来无法跟进。在这个个案中，社工面临着几个需要抉择的问题：是否为案主保密？案主是否有足够的能力做此类决定？案主是否有能力承担自我决定的结果？要不要报警？要不要告诉案主的家长？

在这个个案的处理中，社工综合考虑各个因素，最终决定进行以下的介入：在个案介入的前期致力于建立良好及信任的专业关系，先从关心她需要被照顾的身体、她受创伤的感情开始。也就是说，在做多一点之前，先了解多一点。社工了解到，案主不愿意将事件告知她母亲的主要原因是"担心妈妈受伤，担心她无法承受"。社工从这点看到了介入的可能性及必要性：在案主的家庭中，案主与母亲是非常亲密的联结体，"母女情深"，母亲是案主可能发生改变的"关键人物"。通过进一步的个案面谈，社工取得了案主的同意，面见了她的母亲并将少女"堕胎"的事情告知了她。社工认为，一个13岁的女孩，还不够成熟，没有能力去处理这样的事件，特别是在这一事件涉及了刑事罪名的时候，她必须由她的监护人协助去处理这样的问题。而且，当这样的事件转变成为一个家庭而不是一个人去面对的时候，案主能够更有力量"找到一些方法去走过这些伤害"。

在这个个案中，笔者认为有几个经验可以与同工分享：第一，未婚先孕的女孩，在目前的中国社会中被包容的程度还是较低的，往往会被打上"污点"，贴上"标签"，因此，在处理相类似的个案时，必须非常重视对个案隐私权的保护；第二，在个案的处理中，社工不是"法官"，也不是"教师"，对已经发生的事件不能太快去下判断，单纯去区分"对"与"错"，而要清楚地了解事件的来龙去脉并尝试去理解个案；第三，了解女孩的支持系统并为其尽量争取较多的支持，并且要在这一过程中做好双方的沟通工作，避免女孩的家人或朋友因对"未婚先孕"的刻板印象而对女孩造成二次伤害；第四，社工要秉持尊重、开放、包容、同理的态度，并尊重个案及家庭在"未婚先孕"这样一个议题上对"堕胎"或者"生育"的最终选择。

这个13岁的个案再次提醒我们：我们不能在孩子受到性伤害后才来"补课"，而应该在孩子们成长的各个阶段，就以合适的方式提供性知识，在自然与协调的状态下教授他们正确的价值观，预防出现类似的"性伤害"。而对于那些已经受到伤害的孩子，我们应刻不容缓地帮助他们，帮助他们重新走上人生的正轨。

实务手记之八：苦痛的轮回
——如何走出性侵的阴影

张 伟

1. 前言

性侵犯泛指一切与性相关且违反他人意愿，对他人采取与性有关的行为。包括强奸、性骚扰等行为在内都可算是一种性侵犯，像露体、窥淫等也可算是性侵犯的一种。一般这个词较常用来指强奸，不过也可指强制肛交、强制口交、非礼、性虐待等。① 由于性问题的敏感性，仍有很多性侵犯问题没有被揭露，而不论揭露与否，性侵犯给受害者童年期乃至成年期所造成的心理创伤却是巨大而又比较难平复的。根据黄妙红对20位受害者的质性研究结果表明：儿童期（18岁以下）性侵犯受害者明显出现了多种创伤反应，其中心理创伤反应类型主要表现为创伤后应激障碍（PTSD）、分离障碍、抑郁和自卑、自杀或企图自杀这四种情况，行为创伤反应类型主要表现为多种性行为问题、学业受创、性格转变、职业选择偏差等。此外，受害者还受到了明显的躯体伤害。②

经历过性侵尤其是长期被性侵的受害者，如不能经过心理治疗从创伤中走出来或自我康复，此种创伤性的经历会极大地影响其现实的生活，对身心都造成巨大伤害。本文拟从临床个案的实际处理去探讨性侵犯对一个人的影响以及如何帮助案主从苦痛中走出来，特别强调作为个案辅导员面对有性侵创伤经历的个案时需要注意的事项。

2. 个案概述

L女士，39岁，初中毕业，在私人公司做文员，患有乳腺增生第四期，此级恶变率最高，可能恶变率为75%～100%，需要每周去医院接受治疗。婚姻状况：已婚，育有一女（12岁）。丈夫是二婚，跟前妻生了一个男孩（18岁），在私人公司做汽车维修。现一家四口一起生活，家庭经济收入低，紧紧够糊口。不幸的是丈夫因为性需求不能满足而虐打L女士，并会强迫她发生性关系。

L女士原生家庭情况：有3个姐姐、1个哥哥、1个妹妹，与母亲、

---

① 资料引自百度百科关于"性侵犯"的解释，http://baike.baidu.com/view/1074896.htm。
② 黄妙红：《儿童期性侵犯受害者不同创伤反应的应对策略》，中国青年政治学院2011年硕士学位论文，http://cdmd.cnki.com.cn/Article/CDMD-11625-1011093383.htm。

三姐关系较好，而与其他人甚少联系。L女士在初中三年级时被亲哥哥长期性侵，并未告知父母，仅仅是三姐知道，也未报警。初中毕业后，L女士离开家工作，此事不了了之。

然而，被侵犯的创伤经历让案主一直觉得自己是不如人的。她自卑，在遇到困难时甚至会想自杀。案主有多次恋爱经历，但均以失败告终。原因在于案主虽能与他人建立恋爱关系，但一旦进入性关系或者谈论到婚姻问题时，就戛然而止，有点像个"逃兵"。案主在意识层面并未想到自己对亲密关系的"退缩"或"不自信"与被性侵犯有关，也从来没有想过要向专业人士寻求帮助。所以，她就一直将那段被性侵的经历潜抑下来。

案主走进社工站寻求社工帮助并非是因为自己的婚姻问题和被性侵，而是因为女儿马上要小升初，女儿进入青春期彻底激活了她过往的记忆。因为她开始变得无法控制地去担心女儿的安全，担心女儿重蹈覆辙，所以，从女儿进入青春期开始，案主开始"疯狂地"寻求外界的帮助，到处去诉说自己对女儿人身安全的关心和焦虑。案主找到社工也是在某机构求助后得知有青年地带社工站提供辅导服务后而前来求助的。

初见笔者的时候，案主虽然与女儿共同前来，但是在个案室，笔者非常明显地感受到L女士强烈的表达欲，就如同在一个压力锅内待太久，憋不住了，不说不行。第二次面谈时，案主在笔者的澄清下，第一次说出了"担心女儿安全"实质是自己曾经在相同的年龄经历了那段不堪回首的岁月。27年后，案主才第一次真正地面对和处理那段悲伤、痛苦的经历。

笔者在督导的陪伴下，与案主一起整整工作了3年。案主的情绪由最初的激动而高亢，逐渐变得平缓而安详，谈起这件事情不再有歇斯底里的暴怒，而是懂得这一伤害对自己的影响，同时尝试一步步走出受害者的阴影，过自己想要的生活。

3. 社工反思

这个个案给笔者本身也带来了非常大的冲击，也可以说是笔者的"北斗案主"，是她一直指引着笔者在个案辅导这条路上走下去。结案两年后再次回顾这个个案，笔者的内心还是久久不能平静。笔者想到三个问题：第一，为何要等到27年后案主才开始康复？第二，为何受伤的是儿童和青少年？第三，社工的角色和功能是什么？

第一，为何要到27年后？

首先，性本身就是一个神秘的话题，目前的社会环境并不允许和接纳大家可以自由、开放地谈性，更别提谈性侵犯。缺乏一个安全、信任以及自由、开放的谈论空间，是导致很多性侵犯问题被视而不见的主要因素之一。其次，性侵犯的施暴者中，多为熟人甚至是亲人，加上传统文化的所谓"家丑不外扬""女儿身被破就不干净了，以后怎么嫁人"等的影响，使受害者得不到应有的保护和治疗，施暴者也未受到惩罚。再次，从个体角度出发，受害者在潜意识层面会压抑这段痛苦的经历。然而有句话是这样说的："我如此不愿意记起，是因为我如此不愿意遗忘。"创伤经历一直都在影响着我们的行为和心理，而这段经历往往在出现某些类似情境或者经历时就会被激活。案主是因女儿进入同样的年龄而激活了旧日的记忆，从而开始寻求康复之旅。

第二，为何受伤的都是儿童和青少年？

首先是儿童及青少年接受的性教育滞后，老师和父母都未受过培训，也不知道如何进行性教育，导致父母、老师以及儿童和青少年在此方面的保护意识缺乏；其次是相对来说，对于成人施暴者而言，儿童和青少年的自我保护能力较弱，他们易被选为攻击对象；再次就是在法律层面，对于儿童和青少年的保护是不够的，换句话说就是对于施暴者的惩治是不够的，甚至某些案例并未受到法律制裁，会导致所谓的"犯罪成本低"。

第三，社工的角色和功能。

做创伤辅导，社工自身也会感受到压力。面对有创伤经历的案主，社工最重要也是最基本的工作就是聆听，听到和听懂案主的需求以及内心的苦痛和挣扎是什么。此时，社工一定要给足案主时间和安全空间，由其自由而充分地表达。在创伤处理过程中，案主对于创伤经历的言说能力是其再次面对和构建内心体验的一个重要过程。

同时，社工面对此类个案需要及时寻求督导的帮助。笔者记得当时每次面谈完，都会感觉到自身能量好像被吸收了，有点耗竭的感觉，精神上会很累。所以，几乎每次谈完，笔者都需要找督导。其实，笔者觉察到自己也在采取类似于案主的行为，找督导吸收一些能量。通过对社工反移情的觉察，笔者再次体会到案主是多么需要他人的支持，同时也感受到她是如此想要改变自己。

第四，在辅导过程中，社工最重要的就是能与案主一起找到一个"闪光点"，开始整合之旅。就如督导点评说："每个来找我们面谈的人就算是稀烂的，或就如稀泥巴扶不上墙一般，我们也要在她们身上找到属于她们自己的'闪光点'。这个'闪光点'是一定有的，只是我们找不找得到和能不能清晰而坚定地告诉她们！你能发现案主的'闪光点'并坚定地告知她，这会让她感受到力量，从而开始内心世界重构以及自我整合，将自己活出一个人样来。发掘'闪光点'，对案主非常好用，这招我屡试不爽。这次，你也做到了。"

4. 结语

创伤性的经历如果不去面对和处理，不将它言说出来，它会一直缠绕着我们，就如一个定时炸弹，不知道何时会因何事而爆炸。案主因女儿步入青春期，激活了封存的记忆和伤疤，二十多年后这个苦痛的轮回也一直未打破。不过也正是想打破这个强迫性重复，她才一直在努力寻求他人的帮助，也正因为如此，她最后走进了社工，并与社工开始重建内心世界。

至于如何打破内心苦痛的轮回，最重要也是最基本的就是有一个安全而又专业的陪伴者，与案主一起面对和言说那些难以启齿的创伤经历。在此过程中，一方面陪伴者需要有听到并听懂案主的能力，聆听是非常重要的；另一方面陪伴者要足够强大和坚定。在面谈过程中甚至面谈室之外，案主可能会有眼泪、疼痛、自责、内疚甚至愤怒，陪伴者要告诉她也告诉自己，"没关系，至少我们知道为何自己会这样"。这是案主走向康复的第一步，知道它是什么，它从哪里来，接下来才会知道应该如何面对和解决它。

最后温馨提醒一下，假如要去帮助案主"拆弹"，工作人员一定要确认自己能否承受这份苦痛，同时确认自己是否有足够的培训和支援（督导）能力去开展此方面的深层次心理服务。假如没有准备好，那你就不要去触碰。

第十二章　合作分享——合作伙伴谈青春期教育

合作分享之一：给予孩子一个正确了解青春期知识的渠道

李海鹏[*]

访谈者（下称"访"）：您个人是怎么看待青春期教育的？

李海鹏（下称"李"）：怎么看这个青春期教育？青春期教育确实很有必要，因为我们的学生（职业高中）都是成人，生理、心理现在都比较早熟一点。早恋这些现象是非常普遍的，特别到了高三非常多。但我不能等这个问题浮出水面了我们才去教育。虽然传统的教育在我们讲到这方面时都很隐晦。在中国，老师也不太好讲，不知道怎么才能讲得很明白。但全方位的青春期教育，对于我们教育工作者来说，是非常必要的。

---

[*] 李海鹏，广东省佛山市顺德区胡锦超职业技术学校德育处副主任，专职讲师。

1. 男女生都要有性教育

访：那如果要开展这个工作的话，应该包括哪些内容？

李：有几个方面。其中男性、女性的生理知识是必要的。以前我们就一直在做这个女生青春期性教育。从上个学期开始，社工站就提供了男生的性教育。这对学校来说也非常新鲜，因为以前从小到大每到讲这些东西的时候总是说，"男生可以走了"，这使得"女生来听"。然后男生觉得很神秘，其实男生也需要接受合适的青春期性教育。他们更多的渠道可能就是网上或者是一些不良的网站，或者看一些录像。我们如果运用专业人员给他讲课就会感觉这个东西比较正面，就不是只能看黄色网站或者黄色录像才能感受到那些知识。给男生提供这些正面的东西，可能会使他们对这个东西的理解同以前有点不一样，不会觉得带着好笑或者负面的信息。我们感觉到这也是一种新的尝试。

访：这是因为得到学校支持才开始的，为什么学校在这个阶段意识到应该尝试男生这一方面的教育？

李：这应该是双方都有意向。我们一直在与社工站①接触，想要加强这方面的青春期教育。社工站联系了在我们附近的南方医科大学的学生来做这方面的辅导，我也感觉到这是一个比较创新的东西。我们职校在课程方面是最灵活的，什么好用的课程我都可以试。我们在这里以打造一个职业人这种角度，多给学生一些新的东西。

访：刚刚讲到一个很重要的点，就是说我们职中想要把学生打造为一个职业人。那相比我们普通的高中，我们在这个青春期性教育方面，会不会有特别重要的点和其他学校不一样？

---

① "飞扬地带"是广东省佛山市顺德区第一个青少年社会工作专项项目，2010年9月份即在该校设立学校社工站。

李：应该说我们职中那个早恋会更多一点。普通高中可能专注在学习上，即使有问题也不会浮出水面，就只是暗恋等。但是我们的学生在这方面就好像无所谓，会在校园里面没人的地方牵个手、搂搂抱抱的。学校肯定不赞成这样的事情。一个影响了学习，另外一个他会衍生出很多的问题。两个人要去玩，消费没钱怎么办？跟家里要钱，家里要不到，怎么办？而且一处理不好，分手了，就产生很多纠纷。如果有一方不愿意分手，就会有一些过激的行为，导致不好的后果，我们曾遇过这样的情况。

访：针对这些有纠纷的学生，会有心理的疏导吗？

李：会有，但是我们不知道怎样去疏导。因为疏导一般是找家长或者班主任给他疏导。但是从心理学的角度来看，班主任在一般技巧上运用得不太好，只能是浅层的疏导。但是你要学生去心理咨询室求助，他是不愿意进去的，他不会觉得自己心理方面有问题。因为我们一代传一代的传统观念是，去看心理医生就是有精神病。

访：那老师会同家长接触得更多，在与家长谈这个问题时容易吗？还是说也有很大的困难？

李：家长他们都知道的，也没有说有一个激烈的反对意见。家长也是苦口婆心，说"不要啦"。孩子真的早恋了，家长他们偶尔会说一说。但是如果孩子死心塌地的话，说也说不通。

访：学校会不会担心学生会出一些问题？

李：对。我们其实做这个东西就是希望这样。主观上我们肯定希望他不要去早恋。确实他们自己也知道这可能会产生很多意想不到的问题。但是感情这种东西怎么能控制呢？如果他真的这样，你教授给他一些生理卫生方面的知识，那么，他起码知道如何去预防负面的东西。

249

2. 学校社工为青春期教育提供助力

访：您知道社工来学校之后开展了什么类型的服务吗？

李：他们会做一些宣传吧。青春期的活动可能主要就是这两块吧。一个男生教育，一个女生教育，他们会请一些外面的资源。而且他们可能会搞一些学校活动来做这些，班会课或者以社工名义办的小活动、沙龙之类的。学生一般会感觉到社工跟老师是不一样的。因为是第三方，可能更愿意跟他交流，跟他聊的时候会更放开一点。

访：那您觉得我们社工的服务和传统的青春期教育有哪些不同？

李：社工站的一些活动跟我们平时搞的一些活动还是有区别的。他们从香港引进一些东西，包括他讲话的技巧跟我们老师传统的讲课就不一样。他这个活动的策划和我们传统的也不一样。比如说，他们的活动是通过宣传让学生自愿来参加，而我们设计的活动是一定要求同学参加的。社工开展的活动可能这次来了十个八个，他感觉到有效、好玩，他可能就会拉一些朋友和同学过来。那形式上和我们有点不一样。

访：想问下您，您觉得"老师不太好讲这个问题"是什么意思？

李：都会不太好讲。老师都很少去讲这些，只有班主任会在班会课上讲一些，而且不太好讲。比如说班上有两个人拍拖了，老师不能在班里指名道姓地说，你们两个不能拍拖。老师只能是找他们两个，或者单独找男生，告诉他"你这样不行的，你再这样，可能学校就要来处分啦"。一次、两次警告他，他还是继续这样，学校可能就会给他一个处分。给处分也不能大肆宣扬说"某某某因为早恋而给了处分"，只能是把处分书发给他。

3. 青春期教育应该从小开始

访：如果社工站之后想多做这类的活动，您觉得应该从哪方面去做？

李：我觉得现在这个方向就很好了。原来一直做女生的，现在开始做男生的，而且多去想一些新的问题。其实道理还是那个道理，但是换一个形式来讲可能人家容易接受。你老是这样讲，他就会反感。从小到大都这样讲，这些东西听了也没意思。换一个角度讲这个道理，在形式上进行探索，大家互相探索，看有什么更好的方式。而且青春期教育还是从娃娃抓起吧。不要老是把希望寄托在人家长大了，因为长大后对这方面的知识已经有一定的认识和思维的定式了。能不能从小一点开始？人家都成型了你再去改变人家的观点，非常困难。

访：那你觉得如果我们真的要提供一个非常好或非常完整的教育，从小开始抓起应该教授给他们什么知识？

李：小的时候可以更简单一点嘛。用图画形式，搞一些视频、搞一些游戏告诉他简单的概念。（让）他对这个事情有个印象。慢慢一步一步，应该有一个计划、一个系统的计划。就是到哪一步应该给他一些什么。在小学阶段，一到三年级、四到五年级，初中时在初二转变期，应该给他们一点什么？这个应该有一个系统性的规划。

访：您给了两个很好的建议。第一个是从小开始，第二个就是按照孩子从小到大的不同阶段去设计不同的内容。

4. 青春期教育可以带出生命教育

李：对，其实那个男性教育针对性就比较强，包括什么遗精啊、什么一滴精就多少滴血这些概念。确实在这个时期的学生就会有疑惑。社工讲得非常好。我在那里听了，基本上听了整个过程。他当时主要就讲这几方面吧。就是说，即使偶尔手淫也是正常的。只要你不是频繁地想这个事情，就是属于正常的。同时也告诉他自己是怎么生出来的，就是说你从那个时候开始已经是竞争的胜利者了。在一群的精子里，你已经是胜利者。其实这个也是人生的教育，不要认为自己是一个失败的人，你出生就已经在竞争了，是胜利的。社工就讲这些内容，消除了一些误会。

访：这些男孩子他们参加了这些活动会有怎样的一种感受？

李：我看到整个过程大家的关注度很高、很有兴趣，也都集中精神在听。因为我们的学生注意力集中的时间不会很长，因此如果内容不足以吸引他们的话，离场率会很高的。但给男生们开讲座那天，基本上没有迟到、早退的现象。

访：您参加了这个活动，您觉得对孩子有没有帮助？

李：肯定有帮助吧。这些知识，我们都经历过这个阶段。社工把学生平时不敢讲的或者听不到的在那个场合讲出来，大家就觉得这些知识没有那么神秘。这是正面的宣传，不然学生总是自己靠黄色网站得来信息，好像总觉得这个东西是羞耻的、不正当的。同时，学生也不会再怀疑自己是不是不正常，这些都是正常的。

5. 针对男女生不同的需求，开展不同的教育

访：我们学校为什么要把男性跟女性分开？

李：针对性更强一点嘛，需求不一样（笑）。本来男女身体结构就不一样。男生我们更多强调他得有责任感，女生就要强调保护自己。

访：第一是说身体结构不一样，第二可能在这个阶段，他们自己对他们将来发展时要注意的事项不一样。女孩子要保护自己，男生不要去犯错，是这样吗？那我们平时上课是怎样把男生你要负责任的概念传递给其他孩子呢？

李：这个也只能靠大规模的讲座来传递，或者班主任在主题班会上讲。我们每个学期都要求老师开系列的主题班会。我们会收集一些案例，分享给这些班主任。看了之后，他就会在主题班会上分析些案例。

合作分享之二：青春期教育其实也是生命教育

罗　萍　付万海[*]

访问者（下称"访"）：罗老师你好，我们先谈一下您是怎么定义"青春期教育"这个概念的？您在职中工作的时候看到学生有什么样的需求？

罗萍（下称"罗"）：我个人觉得青春期教育不仅仅是性教育，还包括处理学生的叛逆期或者成长期的一些烦恼。现在学生接触的信息量很大，我感觉这几年的学生和以前的学生相比，变化得更快，成人化较早。

1. 信息时代，对青春期教育提出了新要求

访：可以请您就这个问题讲得更加细致一些吗？

罗：我感觉现在的学生变化很快，比方说，他们穿衣服就比以前的学生更开放，没有那么保守。同样是穿校服，以前学生可能会更保守一些，比如说校服的扣子会扣上一点，但是现在的学生他有扣子都不扣，好像要把它露得很低一样。还有就是要把裤子那个角调到好小，本来那个运动服的裤腿都很大的，他就要做得好像健美裤一样，贴他的裤腿。因为他们已经开始性发育了，要引起别人的注意，或者是他开始有成人化的倾向。就是说社会上流行什么，比如现在流行穿小脚裤，或者是流行穿这种紧身裤，他就穿什么，有这种成人化的倾向。我的感觉是社会上流行什么，学生就去追，然后他们认为这样就是时髦。

访：您刚讲到一点很重要，就是说，现在的学生对这个青春期有新的

---

[*] 罗萍，女，广东省佛山市顺德区胡锦超职业技术学校高中一年级级长；付万海，男，为该校高中一年级副级长。

需求是因为社会变化？

罗：现在的信息量太大。比方说我跟他讲的话题，到时候他上微博、上微信，他觉得社会上跟老师讲的并不一样。老师讲一千遍、一万遍，可能都比不过他看一个信息对他的冲击力更大。

访：明白了，所以现在多元的信息可能对学生的价值观方面的影响与主流的教育不太一样？

罗：是，他们认为的漂亮，与我们老师的价值标准就会有一点点的差异。所以我感觉现在从教育部、教育局推广下来的所谓的青春期教育都还很表面。我个人感觉就是社会的影响力太大了，有时候我们学校很难去进行全面的性教育。我个人的感觉就是，现在社工也好、教育机构也好、教育主管部门也好，父母对学校的期望太高了，对老师的要求太高了。

访：家长对老师和学校要求太高，他们认为孩子送进学校，什么问题老师都得帮忙搞定？

罗：我们的学生是高中生，有时我们找他们聊天，学生会这么跟我们说："老师，你们讲的那些我们都知道，初中老师讲过很多遍。"因此，很多时候我忙得很难去教育和管理他们。

访：刚才提到社会新的变化对学生性教育的冲击。总体来讲，您觉得这个青春期性教育如果处在比较完整和完美的状态，不完全是让学校去承担的情况下，应该包括哪些方面的内容？

罗：从大的方面来说，从国家层面最好是能够净化网络，比如说穿得少的那种图片就搜不出来。不用说高中生了，小学生看到那样的东西他都会有性冲动。现在五六年级女生都发育得比较早，有那个了（来月经）。我觉得单靠嘴上这么讲，没有在大环境上下功夫的话，真的还是很难。还有一个就是学生的价值判断能力，比如说女生的安全教育和男生的责任感教育。像我们学校就会针对女生开展工作，每个学期都会给女生开大会。

2. 针对女生而开展的青春期教育，其实也是生命教育

访：刚刚您讲到我们学校也会针对女生进行性教育，那比如说大会我们会讲什么？

罗：给女生上大会一般来说我们每个学期都会有。我们每个学期都会做大概的主题，一般来说，高一新生期的第一个学期我们会做两项工作。第一项是生理保健，我们把全体新生中的女生叫在一起，请医生来讲。学生可能比较信服医生说的话。比方说，月经、意外怀孕的处理，可能学生更听得进医生的建议。第二项是安全教育，我们这里讲到的女生安全教育范围就很大。比方说女生夜间出街要注意什么，走在街上不要随便跟陌生人讲话。安全教育就包括出街一定要向家人报备。我们也会给学生讲一些真实的案例，比如说学生到同学家，结果被同学的舅舅强奸。要让女生知道，到外面要告知父母去了哪个地方。如果你长时间没有和家长联系的话，可能家长就会找你。你手机响了，有人打电话来找你的话，这样对方就不敢对你怎么样。我们安全教育主要是讲这个。

我们有几年还尝试给高一的学生看生孩子的视频。有一个视频包括告诉她母亲怀胎是很辛苦的，生命产生的这个过程也很辛苦。当时很多学生不敢看，或者是尖叫。然后我们就对学生这样说，其实这是一个自然的过程，就是给学生灌输一个概念，这是自然界的一个生理过程，谁都要经历。我们想灌输给学生的概念就是你要珍惜生命、父母给你的生命，你要爱生命。我们谈这个青春期教育就是从生命教育开始，就是你不管遇到什么挫折都要想一想你的生命来自父母，生命不属于自己，所以要做一个对自己、对父母负责任的人。我们当时高一第一个学期就给学生看这个，已经看了几年，每次学生都会这样尖叫。然后下一次我们再做的话就会对她们说："你尖叫可能最猛，但如果你和男朋友拍拖时拒绝不了他对你的进一步要求的话，你就会发生这种行为。如果要流产的话，你流产的过程同

生孩子的过程是一样的。如果你宫外孕的话，是要做手术的。你造成大出血的话，会死的。"我们把这个给学生讲，就是预防学生这种早期的性行为，所以我们就给学生看那个视频。

访：您感觉成效怎么样？

罗：我感觉当时学生是很震撼的，就是看完之后学生会感觉很震撼。我们私下也会找学生来问问。学生就说："哎，感觉很震撼。"很多学生都这样讲。我们想告诉学生三个概念：第一个就是生命的珍贵，要做一个对自己负责任、对他人负责任的人。第二个就是想传递给学生一个概念，就是健康的婚姻生活其实还是很美满的。我们告诉学生如果你有正常的美满婚姻生活，你生了孩子之后就应该得到家人、朋友的祝福，得到别人的照顾和呵护。但如果你过早发生这种行为，一旦做手术的话，那么任何手术都有风险的。所以我们第二个信息就是想告诉学生做女人是不容易的，所以要珍爱自己，要找一个真正呵护自己的人。跨出去那一步很容易，但是你得不到人家的呵护，那你就要想清楚未来的人生会变成怎么样。第三个我们一般都会对学生这样讲：因为你父母养育你不容易，在任何困难面前其实能真正帮到你的除了你自己之外，就是你的父母还有老师。然后我们就说如果你遇到什么困难，你的父母永远都不会抛弃你，因为你看一下，你母亲生你的时候多痛苦是不是？然后我们就说，你如果遇到什么意外怀孕啊，第一时间就应该向父母求助，不应该去那种黑诊所。

访：给他们一个求助的资源，让他们清楚，有困难的时候要如何求助。

罗：所以我们想给学生讲的第三个目的就是万一发生了什么意外，千万不能去黑诊所。大家可以看一下这个血淋淋的过程，如果去黑诊所的话，风险真的很大。你必须告诉你的父母，父母最多就是埋怨你，有些处理得好的父母是不会埋怨的，而是会积极地帮你处理，处理完以后再设法改善自己。

访：明白了，学校还真是用心良苦，一个是希望防患，另外一个就是说万一真的有问题，要教导学生怎么去处理。

罗：是，第一个是父母，第二个是老师。比方说老师肯定会高度保密，一定不会泄露你的隐私。如果去黑诊所造成大出血，一定要送到大医院去抢救的话，反而隐私会暴露。所以我们对学生讲，如果有任何心里话或想不开，都可以对老师说，老师绝对不会和其他人说。

访：那刚刚讲到女生方面的教育，您觉得成效怎么样？

罗：我感觉好像我们学校就没有这种意外怀孕，至少我们掌握的情况就不多。相比这个年龄阶段的意外怀孕几率不高。特别是像我们这样的职校生，应该说是更难的。因为我们的学生学业负担并不重，另外他们与社会更为接近，很多人都觉得自己已经成人了。

3. 男生青春期教育服务——一个新的尝试

访：您刚才介绍了针对女生开展的性教育工作，那在男生这边我们会不会也有一些相应的工作？

罗：男生教育我们以前没有做，是最近几年我们和学校社工合作后才开始开展的。具体可以请付老师介绍一下。

付万海（下称"付"）：我们是通过社工邀请了南方医科大学的研究生来讲的。因为是第一次尝试，所以刚开始不知道效果怎么样。在上学期找了三个班讲了之后，发现学生听得很认真，而且他们对生理方面如何注意和保健的一些问题还是相当关注的。毕竟以前他们没有办法通过其他的渠道去进行了解，或者说出于一种面子，不太好意思去找一个正面的渠道去了解。他们听得很认真，而且会问一些问题，问他怎么做保健等。效果还是挺不错的，我们打算全面铺开。

访：那学生们关注的问题有哪些呢？

罗：有关平时一些休息、生理保健方面的。那些学生就讲道："哎呀，没有想到怎么穿内裤也有讲究。"学生有这样的反馈。而且对于男性的一些生理特点，他们也认识到这是很正常的，是一种生理现象，不是一种可耻的行为。

4. 社工可以帮助教师更加了解学生

访：刚刚了解到，男生教育是与社工站合作一起搞的。除了这个之外，学校还会和社工站有其他方面的合作吗？

罗：主要是搞班会课。他们的班会课很受学生的欢迎。因为第一个是他们年纪相仿嘛，社工比我们的学生大不了几岁，所以他们沟通起来很亲近的。另外一个就是我们去讲的话，他们怕自己说真心话之后会被处罚。

访：这样会比较好沟通一些。

罗：对，我感觉学生对社工很放得开。因为我有时会去听社工搞的这个班会，关于谈恋爱、异性交往那个方面的。我一个很大的感觉就是现在的学生其实是很懂道理的。我感觉他们表达出来的那些想法有些很入情入理，而且想的面可能比我们还深。

访：所以说社工站也让老师更加了解学生还是挺有能力、挺有想法的？

罗：是。应该说社工站的活动还是很有成效的。

访：因为时间关系我们只能问最后一个问题：如果接下来社工站还有类似的工作，您会有一个什么样的期待？

罗：个人感觉现在的学生问题层出不穷。我们开大会可以宣讲一些面上的东西，但有一些个案的东西，我们会担心"一石激起千层浪"，有一些个案希望社工可以帮忙深入地进行处理，同时希望社工的度再把握得更好一点。

258

合作分享之三：青春期教育中，社工与老师扮演着不同的角色

梁晓霞[*]

访问者（下称"访"）：梁老师，您好。我知道文华中学是一个初中学校，请您先谈谈您认为的初中生在这个阶段的青春期特点。

梁晓霞（下称"梁"）：我们属于初级中学，一般是学生踏入青春期门槛的那个阶段，他们在很多事情上都以为自己知道很多，但实际上他们很多是不知道的。这样就会出现一些情况，他们想去模仿成人的一些行为，可是又不知道它的危害性有多大。在满足青春期的需求这方面，我们有心理卫生课，还有综合实践课和健康课。

访：那在这些课上，会涉及青春期性方面的教育吗？

梁：这个比较少直接介入，只是提出一些案例、一些课题去引导他们认识。确实，我们老师也不敢直接在课堂上涉及这方面的知识，因为我们面对的是男生和女生在一起，有时候如果那个度把握不好的话，很容易产生负效应。学生不会当我们的面和我们说这个问题，所以社工弥补了我们这个方面的不足，能更好地接触学生。

1. 现有课堂里的青春期教育，打"擦边球"的比较多

访：刚才您提到说在学校系统已经有一系列的课程，像保健课、心理课，能不能讲一下这些课我们大概讲些什么内容。

梁：一般来说是围绕着教材来讲，根据教材来拓展一些社会的实例。比如我们在综合活动里面说到了一些事件，比如"小月月"事件，我们

---

[*] 梁晓霞，广东省佛山市顺德区文化中学团委书记，语文一年级教师。

都会让他们去讨论一下、探讨一下。当然关于性方面也有，不过没有那么直白，打"擦边球"的比较多。

访：可能更多是谈恋爱的实例吗？

梁：都有。因为这些课程，应该说机动性比较大，就看老师的掌控啊。还有他们在这个课的引导上面会介入哪些事情，有针对性的讨论比较多。

访：所以可能是就事论事，不仅是那么狭窄的性的问题。老师可能更多是通过当前的社会事件去影响学生的价值判断。

梁：对，更多的是从人生观、价值观那个方面去引导。一些很直接地说到两性交往的话会少一点。健康课上面主要针对他自身的生理成长，对他心理和生理的变化这方面可能就不了解。我觉得男生、女生一起上课的话，很多人都想去听但又不好意思去听，女孩子还会捂着脸。所以我觉得还是分性别来上课可能效果会比较好，更有针对性一点。

访：我刚刚很留心梁老师讲到一点，现在的学生是知道一些、不知道一些。你说知道一些是指青春期变化的知识，就是关于青春期心理变化的知识？

梁：因为学生上网，很多不良的信息就会弹出来啦。网络中用到一些词语，其实呢，从这个词学生可以想到与这个有关的，但是又不完全知道是什么意思，真正的含义是什么，只是大概知道这个意思。

访：是不是像"猥亵"这种概念，他只是会说，却不知道它代表的意思是什么？

梁：他们可能没想到有那么严重。因为毕竟学生的社会经验也是很少的嘛。他可能会好奇，而且信息对他会产生一些冲击、视觉的一些冲击，如果没有成人正确引导的话，学生很容易想入非非。

2. 家长可以自行寻求的资源并不多

访：明白了。其实我很赞同你刚才讲的话，网络这么发达，信息怎么去认识，需要有个成人去引导。那根据您的了解，家长会不会在家里开展这一类的教育？

梁：家长肯定有，但是方法不一定对。比如比较粗暴的，就把网线拔掉，要不就打呀、骂呀。还有就是"那再这样，我就告诉老师"（笑）这样一些手段，老师有什么事我就告诉你家长啊。我觉得这不是很正确的一种引导。因为他处于叛逆期嘛，也不太听家长的，而且有时候家长忙于工作，也没有时间去管教他。并且，有这种意识的家长不多。有些可能会有，但是他不知道如何去讲或讲些什么。所以我们只能是尽到我们做老师的责任，尽量多做一点，能够提醒学生的就尽量多提起。我觉得在中国，一般来说很多家长不太敢对自己的儿女这么讲的，这个话题是很敏感的。

访：那您觉得适合去讲这些的人有哪些？或者说，有什么方法让父母讲得更加合适一些？

梁：其实我觉得首先父母是监护人，要对你的孩子负责。要讲这个话题，你要想要怎么讲他才会去听。首先父母应该考虑这个。如果父母没有能力或把握去讲的话，可以和老师沟通，想一个适合孩子的方法，因为每个学生的性格都不一样嘛。如果在这种情况下也不行的话，或者可以通过一些同学啊、团委啊、社工啊。其实有很多方法的，只是家长愿不愿意去寻求一些资源。但是我觉得从家长素质方面考虑，抱着"他自然就会懂的，不用我们说"这种心态的可能会很多。

3. 社工用多种手段开展工作，为学生开展健康的性教育

梁：因为我们学校每一年都有一个青春期的教育，所以当社工进入我们学校之后，第一年，我就要求他做个案跟踪，第二年就开始做一些青春期的小组活动。我们有一个心理老师可做大型的活动，我们社工这一块就做小组性的，就分青春期的小组。今年我们就邀请这里医院的医生，做了两场大型的青春期讲座。

访：这样听起来的话，现在社工站在学校开展这一类的服务，主要有几种形式，有个案的追踪，有些特别的小组，然后也有学校活动，包括还会链接一些资源回来开讲座。那您觉得这样的活动方法对我们学生会有一些好的影响和成效吗？

梁：效果肯定是有的，特别是对一些有特别需求的同学。而且社工的形式也不错，比如说小组的形式。社工是一个星期一节课，固定一个时间集中学生在这里，搞一些相关的小游戏。然后社工从游戏里面得出一些结论，引导他们的思维，然后再写感想。我觉得效果还不错，也观察了一下学生的反应，然后我就要求他再开一期。我觉得效果还是不错，比较深入地和学生探讨了青春期这个问题，特别是像"拍拖"（恋爱）这样的问题。

4. 以"恋爱"事件为契机介入

访：学校遇到"拍拖"这样的事件一般会怎样处理？

梁：主要是引导，只能是疏导。和他的家长沟通，要他看紧一点呀，特别是女生，要叫家长接送呀。在青春期这个阶段，其实学生的这个心理很正常，也是很难避免的。如果他是正常交往的话，我个人来讲不是很反对。

访：但会不会担心他们把握不好那个度，越界了？

梁：这就要看我们的工作是否做到位。

访：其实有些男生，和他们交心的话，他们其实都没有越界，就是嘴巴很喜欢说。

梁：学生没有这个胆量，但是社会青年就不同了，他可以说是不务正业的，这些人什么都敢做。所以我们最担心的就是认识社会上的青年。因为我们这里交通比较中心一点，所以有时候一些不读书的青年就在附近等学生放学，看哪个容易上手，就去找他，就是这样子。这也是我们面临的一个问题。

访：那你们有没有针对这个事项展开普遍的自我防护教育，或者是安全防护？

梁：都有。不过学生以为自己坠入爱河（笑），不会很轻易听你说的。

访：会不会讲得很深入，比如怎么用安全套这类的？

梁：这个就要专业的医生来讲。医生来才敢说，老师都不太敢说。比如我们的心理老师也很年轻，一些深入的话题她也不太敢讲。

访：那实际上，处于这种情况中的孩子对性这方面知识的掌握程度到底是怎样的？

梁：应该是比较欠缺的。说到实际操作的那一块，肯定他不懂也不熟悉。学生好奇的话，他会去做一些你意想不到的事情。所以我们觉得更有针对性地去做可能效果会更好一些。好的学生，基本上不用操心，那就不需要在大范围内去讲。

访：明白了，但给特别有需求，已经有这个危险的学生，讲的可能就不一样？

梁：那个肯定要直接一点、深入一点，而且要把可怕的后果在做个案时特别深入地讲。我们以前没有试过放生育那种视频，只是放得了性病的那些照片。

访：他们会害怕吗？

梁：会害怕，觉得很恶心，有的还在哭，可能学生的心理年龄还没有到接受这个程度。所以后来我们就渐渐把它减弱一点，只提一下，然后就下载一些视频让学生看别人现身说法。图片只是用医院常用的一些图片，就不会引起太大的恐慌。

5. 在青春期教育中，社工扮演着与老师不同的角色

访：从开始基础的保健到人际交往，再到治疗性质的预防，或者是介

入社工，可以说学校的青春期教育工作还是比较全面的。那您认为在这样一个比较系统的青春期教育工作中，老师与社工是不是各自有不同的角色？

梁：针对人这方面，我觉得老师应该面向大范围的同学，社工就应该面向比较个体的。这样的分工就能互相配合，一个是面，一个是点。根据每个人的情况进行个案处理，凭社工的专业，通常他们会处理得比较妥当。

访：您的意思是说在学校里面老师和社工的身份或角色不一样，在处理问题上社工可能有自己的优势？

梁：学生对我们说好一点是尊重，难听一点是敬畏吧。但是学生对社工就不一样了，他们的地位大概是平等的，他们的关系也很亲密，能建立一种就像兄弟姐妹一样的感情，所以学生的很多话都会对社工说。因此，在这个方面社工可能会更了解学生真实的想法。学生怎么交往、玩什么游戏或者放假去了哪里玩……可能社工会了解得比我们更详细。

访：社工进入学校 3 年了。那您觉得我们的社工站在协助团委发展这些工作的时候，哪一些做得比较到位？

梁：一般来说，我们沟通好或者我们对他们提出要求后，他们都做得很到位。我觉得应该给他们一个鼓励的评价，他们其实也和老师一样发挥了一个教育的功能啊。而且他们提供给学生的暑期活动特别好，暑假时老师都放假了，学生假期太长，如果没什么事情做的话，就很容易会不知道去哪里。我们要提供一些有趣的活动，让有兴趣的学生去参加，同时也有所成长。我觉得这样子非常好。

跋

　　启创社会工作服务中心（下称"启创"）自 2008 年成立以来，一直非常重视青少年的社会工作，设立了青少年服务部以满足青少年多元化的需要。青春期教育是青少年成长的重要课题，也是学校、家长关注的重点。启创在青春期教育方面进行了积极的、有益的探索，在不同学校、不同层面上进行了多种的尝试，逐步摸索到一些本土化的实战经验，而这些经验是非常宝贵的。因此，将这些经验分享给有需求的人也就成为我们编写该书的一个初衷，这也促成了中山大学社会工作教育与研究中心与启创的该次合作，双方一起向业界去分享在广东本土青春期教育中的社工介入经验。

　　我们要特别感谢为我们提供了宝贵活动资料的合作伙伴——香港家庭计划指导会及李明英、周卉卉两位女士，感谢为本书提供了法律咨询的广东诺臣律师事务所及任雅煊律师，感谢接受我们邀稿及访谈的社工同行及老师。

　　同时，我们还要感谢为我们提供服务材料的前线社工同人，是他们持续的服务探索构成了本书的骨架和血肉。这些宝贵的经验为未来青春期教育服务的开展提供了极具参考意义的借鉴，也为未来青春期教育理念和方法提供了进一步探索及启创其他项目分享、交流和提升的空间。他们是来自"青年地带""飞扬地带"及其他项目的同事：陈丽东、陈敏仪、郭敏婷、黄铭、梁彩虹、黎丹丹、刘广敏、梁建如、卢家雯、陆明亮、廖倩婷、鲁颖宇、林琳、莫云娜、孙晓寒、谭银凤、徐结蓉、谢诗韵、萧敏静、杨玲、杨敏华、叶倩仪、周冠君、郑泳诗、翟振良、张伟；还有一些实习生和志愿者：陈香君、方哲惠、董念一、谭奇卉、吴蓓蓓、徐雯、徐媛媛、王卓琳。正是有了以上所有同人的支持与参与，才有了今天的《青春期教育社工指南》。

在成书的过程中，主编罗观翠教授对本套丛书给予了高度的重视，她在繁忙的工作之余，多次问及该套书的进展情况，并对书稿提出了宝贵的意见。此外，本套丛书的编辑小组对书稿的编辑付出了极大的努力，小组成员包括黄丹、刘玉珊、王壬、黄庆君、吴柳青、钟履晔、高蔼祺。

活动策划资料及服务经验资料的原创性决定了这套丛书的价值所在，我们期待在总结本土性教育实践经验的基础上能够为前线社工同人提供帮助，帮助他们更有效地开展青春期教育工作。当然，我们也期待这套丛书能够成为一个未来继续探索服务和交流经验的平台，与从事青春期教育工作的同人们一起探索前进的方向。我们相信，这套丛书能够为当下本土青春期教育服务的探索发挥独特而重要的贡献！

编者

2014 年 3 月

启创社会工作服务中心简介

1. 机构概览

"启创"成立于2008年2月,是一个追求卓越及创新的社会服务机构,我们以诚信及公义为核心价值,提供前线服务、研究、培训、咨询及评估服务。

我们致力于中国南方社会服务的创新,结合内地和香港的资源和优势,扎根广东及四川省,提供专业和卓越的社会服务,倡导政策及服务改善,携手社会各界人士,共同建立一个关爱、平等、公义的社会,让人人过有尊严的生活。

2. 发展历史

由香港资深社工、中山大学社会工作系罗观翠教授筹办的中山大学教育与研究中心(下简称"中心")于2004年成立,致力于推动本土社会工作专业发展。2008年,为响应政府先行先试的"政府购买服务",中心在罗观翠教授的支持及中山大学社工毕业生的参与下,成立了"广州市海珠区启创社会工作发展协会"。该"启创"是广州第一家注册的社会工作专业社会组织。

- 2009 年广州市启创社会工作服务中心成立
- 2010 年佛山市顺德区启创青少年社工服务中心成立
- 2010 年佛山市南海区启创社会工作服务中心成立
- 2011 年汶川县启创过社会工作服务中心成立
- 2011 年中山市启创社会工作服务中心成立
- 2011 年启创（香港）社会工作服务网络成立

3. 机构使命

我们致力于中国南方社会服务的创新，结合内地和香港的资源和优势，扎根广东及四川省，提供专业和卓越的社会服务，倡导政策及服务改善。

4. 启创服务

- 青少年服务
- 学校支援服务
- 长者社区关怀
- 家庭辅导与支援
- 家庭综合服务
- 乡村支援与发展
- 医务与康复服务
- 司法人员与违法者辅导
- 社区戒毒康复服务
- 外来工子弟服务
- 义工服务
- 社会工作专业咨询与培训
- 服务模式总结及福利政策研究

5. 联系方式

启创社会工作服务中心

中心地址：广州市海珠区万寿路素社直街42号之一302房

邮政编码：510220

办公电话：（86）20-34270540

传真电话：（86）20-34270540-8014

电子邮箱：qichuangswk@qichuang.org

网　　址：www.qichuang.org

附 录

附 录

附录1：身体变化男与女

青春期是一个从儿童成长到成年人的过渡时期。当到了青春期，男孩和女孩的身体都会产生很多变化，有一些大家都要面对，一些却只出现在男孩或女孩身上。你是否了解青春期的身体变化？这些变化，又是如何产生的？

现在就要考考你对青春期的认识，看看你是否能正确地把以下青春期的生理变化分类。

测试方法

1）用蓝笔圈出男孩独有的变化。
2）用红笔圈出女孩独有的变化。
3）用黑笔圈出男孩和女孩都有的变化。

- 出现月经
- 乳房发育
- 长出阴毛
- 长出腋毛
- 眼睛变大
- 长青春痘
- 常常打喷嚏
- 长高
- 生殖器官成长
- 流鼻血
- 身体开始制造精子
- 指甲变长
- 出现梦遗
- 睡觉打呼噜
- 视力变差
- 皮肤瘙痒

271

附录2：月经知多少？

月经周期

从月经来潮的第一天，到下一次月经来潮之前那天

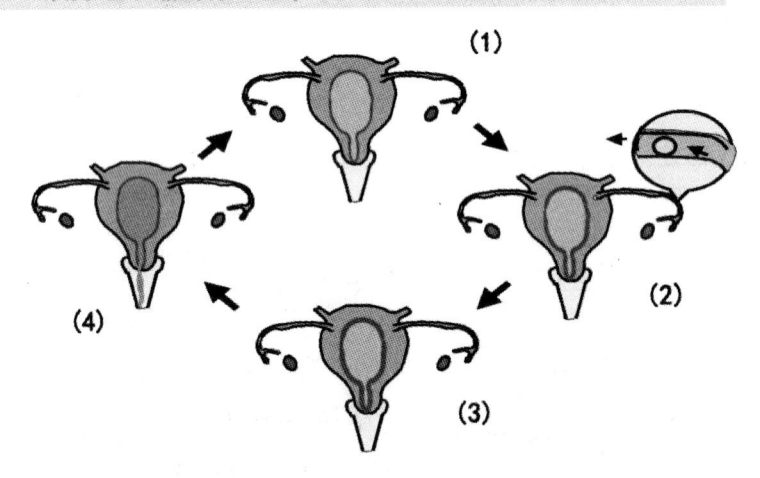

踏入青春期后，女孩子便会开始有月经。你对月经有多少了解？以上就是月经周期的图解，试试跟着图片来填充吧！

（1）青春期的女孩子开始有a）_____能力。为了准备迎接b）_____的来临，子宫内膜会渐渐增厚充血，以制造一个舒适的环境及提供胎儿所需的营养。

（2）c）_____每月都会排出一颗成熟的卵子，等待与 d）_____结合，制造新生命。

（3）e）_____已经完全增厚。

（4）如果 f）_____没有受精，会自行分解，而子宫内膜便会于排卵后约 g）_____自行经 h）_____排出体外，形成月经。

答案：

月经周期

从月经来潮的第一天，到下一次月经来潮之前那天

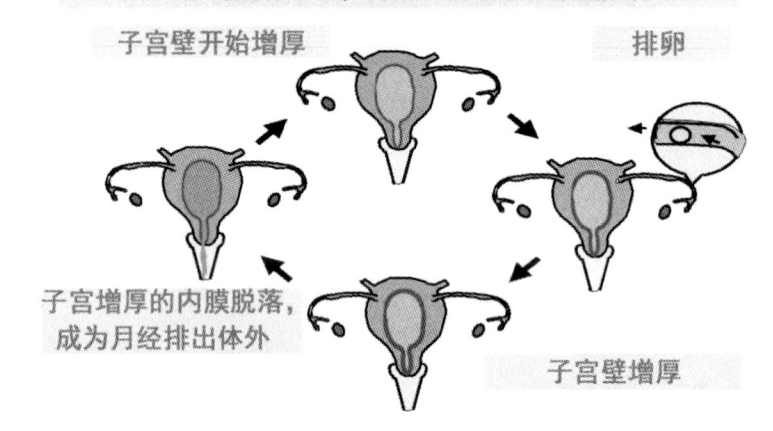

子宫壁开始增厚

排卵

子宫增厚的内膜脱落，成为月经排出体外

子宫壁增厚

附录3：男女相处彩虹桥

男女相处，有很多东西都要学习。如果你是男孩/女孩，你认为以下哪些特质或能力，有助于与异性和谐共处？

男		健硕		懂烹饪		打扮吸引
	博学		乐观		长发	
坦白		有耐性		懂音乐		认真
	主动		勤奋		运动出色	
聪明		细心		口才好		有爱心
	富有		矮小		丰满	
纤瘦		温柔		高挑		女

绘制彩虹桥的方法（见例图）：

1）选择你认为最重要的七种能力；

找出联系男与女的最短路线，必须经过所有选择的七种能力，但不可经过其他没有选择的能力，斜行亦可；

2）用彩虹的七种颜色顺序填上：红色最接近自己的性别。

例（图）：※为男同学的选择

你认为哪些特质或能力最重要？

外表	性格	技能
健硕、打扮吸引、长发、矮小、丰满、纤瘦、高挑	乐观、坦白、有耐性、认真、主动、勤奋、聪明、细心、有爱心、温柔	懂烹饪、博学、懂音乐、运动出色、口才好、富有

你会选择外表、性格还是技能较多？你认为男孩/女孩应该拥有哪些特质或能力，才会受欢迎？

你是否了解自己拥有的能力与其他特质？在成长的过程中，我们要好好学习如何发展潜能，也要懂得欣赏自己，明白有些条件或特质是先天的和不可改变的。与人相处，只要好好发挥自己的优点，努力改善自己不足的地方，你自然会更受别人的欢迎，并建立和谐的两性关系。

附 录

附录4：向性骚扰 SAY NO！！！

遇到下列各种性骚扰的情景，你会如何应对？

遇到暴露狂。

个人的身材特征成为同学的性话题。

应对方法：＿＿＿＿＿＿＿＿

应对方法：＿＿＿＿＿＿＿＿

在巴士上，男乘客露出阴茎做出抚慰的动作。

老师以职权为威迫手段，进行性骚扰。

应对方法：＿＿＿＿＿＿＿＿

应对方法：＿＿＿＿＿＿＿＿

同学展示色情物品。

在医务所，医生以诊疗为借口，故意触摸身体。

应对方法：＿＿＿＿＿＿＿＿

应对方法：＿＿＿＿＿＿＿＿

参考答案

遇到暴露狂。

应对方法：应该视而不见、冷静避开。尖叫和惊慌失措只会令骚扰者感到兴奋，所以应尽量避免。

在巴士上，男乘客露出阴茎做出抚慰的动作。

应对方法：保持镇定，冷静走开，到安全位置时提醒其他乘客小心露体狂，利用群众压力令他知难而退。情况严重，应告诉车长。

同学展示色情物品。

应对方法：用坚定的语气向对方说："你的行为实在无法接受，若你不收敛，我便会向老师投诉。"

个人的身材特征成为同学的性话题。

应对方法：直接表达你的不满，如："你太过分了！"若对方仍漠视你的感受，你可以将情形告诉老师、社工等。

老师以职权为威迫手段，进行性骚扰。

应对方法：明确表明你不喜欢他的言行，并提出警告。若事情没有好转，或对方进行威胁，须向其他老师或校长求助。

在医务所，医生以诊疗为借口，故意触摸身体。

应对方法：诊症时可要求护士在场，若对医生诊疗程序有怀疑，请医生解释诊疗的方法。

附录 5：如果这是我……

恋爱暴力与性暴力　个案讨论

请把学生分为小组，每组给予一个个案，进行讨论。让学生表达他们对个案的看法，并要他们假设，如果自己是当事人，他们会如何面对及处理。另外，亦可叫每组的学生用 30 秒至 2 分钟的时间，表演出最终的结局。

个案一

Ann 与男朋友 Ben 相恋 1 年，双方感情不错。Ben 一直很想与 Ann 发生性行为，但 Ann 因不想而拒绝。Ben 认为 Ann 不够爱他，甚至质疑她有第三者。Ben 表明若再不愿与他性交，他便会与 Ann 分手，Ann 感到为难。一次 Ben 带 Ann 去喝酒，Ben 趁 Ann 半醉后要与她性交，Ann 觉得迷迷糊糊，想推开 Ben 但又担心真的会失去他……

◇◇◇◇◇◇◇◇◇◇◇◇◇◇◇◇◇◇◇◇◇◇◇◇◇

1. 你认为结局会怎样？为什么？
2. 你会怎样形容这段关系？他们爱对方吗？
3. 你认为有没有涉及恋爱暴力的成分？为什么？
4. 谁要为事件负责任？有没有好的处理方法？

个案二

阿 Cat 觉得男友 Dick 对自己非常关心，经常陪伴，又会接她放学，并送很多东西给自己。不过，Dick 要求 Cat 每天也向他报告行踪，亦不喜欢她参与朋友的聚会。一次，Dick 得知 Cat 会与一位男同学结伴购物，愤怒地推开了她，更摔坏了她的电话。数天后，Dick 送了一部最新型号电话给 Cat，希望 Cat 原谅他……

◇◇◇◇◇◇◇◇◇◇◇◇◇◇◇◇◇◇

1. 你认为结局会怎样？为什么？
2. 你会怎样形容这段关系？他们爱对方吗？
3. 你认为有没有涉及恋爱暴力的成分？为什么？
4. 谁要为事件负责任？有没有好的处理方法？

个案三

　　Emma 在男友 Fred 生日时，以性作为生日礼物，与 Fred 发生了性行为，Fred 非常开心。Fred 用手机拍下两人的亲热床照及影片，表示要用来留念。不过，自此 Fred 经常要 Emma 与他性交，Emma 不愿意时 Fred 便会提及那批照片及影片，说要叫朋友一起细看以便回味，还会不经意地说出要把一些照片上载至互联网与众同乐……

◇ ◇ ◇ ◇ ◇ ◇ ◇ ◇ ◇ ◇ ◇ ◇ ◇ ◇ ◇ ◇

1. 你认为结局会怎样？为什么？
2. 你会怎样形容这段关系？他们爱对方吗？
3. 你认为有没有涉及恋爱暴力的成分？为什么？
4. 谁要为事件负责任？有没有好的处理方法？

个案四

Icy 经常以女友身份自居而帮 Ron 接听手机或查看短信。数次 Ron 与旧同学聚餐，也发现 Icy 在附近出现，Ron 觉得 Icy 不相信自己，怀疑她跟踪他。但每次 Ron 质问时，Icy 都以自残来强调自己清白。Ron 决定与 Icy 分手，Icy 表示不能失去 Ron，否则便会自杀……

◇◇◇◇◇◇◇◇◇◇◇◇◇◇◇◇◇◇◇◇

1. 你认为结局会怎样？为什么？
2. 你会怎样形容这段关系？他们爱对方吗？
3. 你认为有没有涉及恋爱暴力的成分？为什么？
4. 谁要为事件负责任？有没有好的处理方法？

附录 6：性暴力

你认为以下哪些行为属于性暴力？

- ☞ 强吻
- ☞ 作粗口手势
- ☞ 偷拍裙底
- ☞ 弹他人的内衣带
- ☞ 讲黄色笑话
- ☞ 偷窥
- ☞ 拍他人胸部
- ☞ 发色情电邮
- ☞ 发放裸照
- ☞ 非礼
- ☞ 公开他人三围数字
- ☞ 故意在人旁也看色情书
- ☞ 当众自慰
- ☞ 摸他人臀部
- ☞ 攻击他人下体
- ☞ 拍裸照
- ☞ 色迷迷眼光
- ☞ 要挟他人发生性行为
- ☞ 露体
- ☞ 掀人裙
- ☞ 以性作为升职条件

何谓性暴力？

任何人故意或有计划地在行为、言语或态度上，对别人的身体做出有性意味的冒犯（性接触），令对方产生恐惧、受威胁或羞辱的感觉，都算是性暴力。性暴力行为可包括以下各项：

有身体接触：强奸、非礼、不受欢迎的身体接触……

非身体接触：偷窥、露体、色迷迷目光……

语言性暴力：猥亵言语、对别人身体猥亵地评头论足……

这些行为即使是发生在婚姻关系、情侣关系和相识的关系中，只要其中一方有恐惧、受威胁或羞辱的感觉，也可以构成性暴力，绝对不能容忍。

在工作纸中，所有行为也可构成性暴力。不过，当中的性虐待行为（SM）名义上虽有暴力成分，若是在双方同意及安全情况之下进行，部分人或会以之为另类的性选择之一。

值得留意的是，工作纸中的部分行为（包括拍胸部、弹BRA带、攻击下体、公开三围数字等），偶尔也会在青少年朋友中出现。一方面，青少年要提高性暴力的意识，与人相处时必须留意自己的言谈举止，与人相处要定下亲密界限，并尊重他人的意愿感受，建立良好的两性关系，以免对他人造成骚扰或侵犯行为；另一方面，青少年若遇上不喜欢的接触，必须以行动及身体语言拒绝对方，直接表明内心感受并向信任的人倾诉。我们绝对不能容忍任何形式及程度上的性暴力行为，有需要时应向师长及有关方面进行投诉。

图书在版编目(CIP)数据

青春期教育社工指南/罗观翠主编．—北京：社会科学文献出版社，2014.5
 ISBN 978-7-5097-5304-0

Ⅰ.①青… Ⅱ.①罗… Ⅲ.①青春期-健康教育-社会工作-指南 Ⅳ.①G479-62

中国版本图书馆 CIP 数据核字（2013）第 271049 号

青春期教育社工指南

主　　编 / 罗观翠
副 主 编 / 黄　丹　刘玉珊　王　壬

出 版 人 / 谢寿光
出 版 者 / 社会科学文献出版社
地　　址 / 北京市西城区北三环中路甲 29 号院 3 号楼华龙大厦
邮政编码 / 100029

责任部门 / 经济与管理出版中心 （010）59367226　　责任编辑 / 高　雁　梁　雁
电子信箱 / caijingbu@ssap.cn　　　　　　　　　　　责任校对 / 张成海
项目统筹 / 高　雁　　　　　　　　　　　　　　　　责任印制 / 岳　阳
经　　销 / 社会科学文献出版社市场营销中心　（010）59367081　59367089
读者服务 / 读者服务中心　（010）59367028

印　　装 / 北京季蜂印刷有限公司
开　　本 / 787mm×1092mm　1/16　　　　　　　　　印　　张 / 19.25
版　　次 / 2014 年 5 月第 1 版　　　　　　　　　　　字　　数 / 259 千字
印　　次 / 2014 年 5 月第 1 次印刷
书　　号 / ISBN 978-7-5097-5304-0
定　　价 / 59.00 元

本书如有破损、缺页、装订错误，请与本社读者服务中心联系更换
△ 版权所有　翻印必究